裁判員裁判と
刑法

松澤　伸
高橋則夫
橋爪　隆【著】
稗田雅洋
松原英世

成 文 堂

はしがき

　市民の裁判参加制度である裁判員制度が実施されるようになってから、10年近くが経過した。裁判員が参加することにより、刑事裁判の手続はもちろん、そこで適用される刑法の解釈論のあり方も、大きく変化してきた。刑法の専門家である学者・実務家も、この変化について議論を重ね、最近は、充実した研究成果が積み重ねられてきている。刑法の解釈論では、専門的な理論が用いられるため、市民にとっては、その理解が必ずしも容易ではない面があるが、裁判員制度が市民の刑事裁判参加制度である以上、その理解は十分可能でなければならないし、また、可能なはずである。

　本書は、このような認識にもとづき、裁判員制度時代における刑法解釈および刑法適用のあり方、市民に求められる刑法の知識や考え方について、学界における最先端の研究成果を踏まえて、一般の読者を対象に、総合的な解説を加える意図で構成したものである。裁判員として刑事裁判に参加する予定の方、すでに裁判員として刑事裁判に参加して刑法に興味を抱いた方、刑罰制度の適用状況や市民と刑法との付き合い方に興味のある方、犯罪報道等でよく見かける刑法について一般的な知識を得たいと考える方等々、裁判員制度や刑法の現在の姿について興味のある方に、広く読んでいただければ幸いである。さらに、裁判員制度を通じて見た刑法入門の書として、刑法を学び始めた法学部生、法科大学院生の方に利用してもらうこともできるであろう。もちろん、最新の研究成果を踏まえたものであるから、刑法を専門とする学者・実務家にも参考となろう。

＊　　＊　　＊

　本書の構成は、以下のようなものである。

　第 1 章の松澤論文は、裁判員制度のもとで刑法解釈論の方法を扱う。裁判員制度が導入されると同時に、思弁的・観念的な性格を持ってきた我が国の刑法解釈論も、市民にわかりやすいよう変わっていかなければならないこと

が意識されるようになった。その変化の過程と到達点を、法科大学院の開設を含む司法制度改革後の状況も交えつつ、総論的に解説する。

　第2章と第3章は、刑法上の犯罪の成否、いわゆる犯罪論に関する問題を扱う。第2章の高橋論文は、どのような行為が犯罪となるか、刑法上の犯罪の成立を基礎づける事情について、総合的に解説する。特に、裁判員にとって理解が困難である「故意」、複数の者が犯罪に関与する「共犯」について、現代的な問題点を踏まえつつ、わかりやすく解説する。第3章の橋爪論文は、犯罪の成立を阻却する事情、すなわち、一見、犯罪が成立しているように見えても、例外的に犯罪が成立しない場合について、解説を加える。たとえば、「正当防衛」であるとか、「責任能力」がない、といった理由により、犯罪とはならないというケースがあるが、具体的な事案ごとに様々に変化する問題について、近年の重要な裁判例や最新の研究成果を紹介しつつ、明快に整理する。

　第4章の稗田論文は、犯罪が成立したのちに行われる刑の量定の問題、すなわち、量刑論を扱う。裁判員の感覚が最もダイレクトに反映される領域は、刑の重さを決定する量刑かもしれない。実際に、裁判員制度が導入されてから、量刑は刻々と変化してきている。裁判員時代における量刑の現状と今後のあり方について、刑事裁判官としての長年の経験を踏まえて、解説を加える。

　第5章の松原論文は、刑法解釈論をやや離れ、刑事学的な観点から、裁判員制度のもとでの刑法を観察する。裁判員が代表するのは、市民の規範意識であるが、市民感覚を反映した、市民の納得を得られる裁判を実現するため、裁判員制度が導入されたともいえる。多数の実態調査で得られたデータや、犯罪学理論を用いて、裁判員制度と市民の規範意識の実像を解明する。

　以上のように、それぞれの分野について優れた研究業績・実務経験を有する執筆陣により、充実した内容となったと自負している。通読すれば、極めて魅力的な本に仕上がっていることが理解していただけるであろう。

＊　　＊　　＊

本書の各論文は、筆者がコーディネーターをつとめた2016年度早稲田大学
法学部横川敏雄記念公開講座「裁判員裁判と刑法」において行われた講演を
ベースとして、これに加筆・補正を加える形で執筆された。研究・教育の合
間を縫って、土曜日の午後という貴重な時間に講演を担当いただいた共著者
の方々に、コーディネーターとして、厚く御礼申し上げたい。また、本講座
は、多くの熱心な聴講生に恵まれた。これらの聴講生の皆さんからのフィー
ドバックにより、本書の内容はさらに豊かになったと思う。これらの方々に
も、心よりお礼申し上げる次第である。

　本書の出版にあたっては、いつものように、成文堂の皆様に大変お世話に
なった。阿部成一社長には、出版にあたって、特別のご配慮をいただいた。
また編集作業においては、田中伸治氏に大変お世話になった。ここに記し
て、厚く御礼申し上げたい。

2017年　クリスマス
著者を代表して
松澤　伸

目　　次

はしがき　*i*

凡　　例　*ix*

第1章　裁判員制度のもとでの刑法─総論的考察─　　　松 澤　　伸

Ⅰ　は じ め に …………………………………………………………………… 1

Ⅱ　裁判員制度の導入と刑法 ………………………………………………… 2

　1　世界の市民の刑事裁判参加制度　2

　2　陪審制と参審制──理念型──　3

　3　裁判員制度の特徴　5

　4　裁判員が加わることによって刑法解釈論に何が起こるのか？　7

Ⅲ　裁判員制度の導入を受けた刑法解釈論の変化 ……………………… 8

　1　日本の刑法解釈論の伝統　8

　2　学界における研究　9

　　⑴　ワークショップ「裁判員制度と刑法」（2004年）　9

　　⑵　多くの模擬裁判の実施　9

　　⑶　橋爪隆教授「裁判員制度のもとにおける刑法理論」（2008年）　10

　3　『平成19年度司法研究・難解な法律概念と裁判員裁判』（2009年）　11

　4　「類型化」の重要性　13

　5　検　　討　14

　6　本稿の提案──その1　類似事案の提示──　15

　7　本稿の提案

　　　──その2　新たな形による「総合判断」の手法──　17

Ⅳ　裁判員裁判のもとでの刑法解釈論⑴

　　　──総論：方法論の素描──…………………………………………19

　1　刑法解釈論とはなにか──アカデミックな側面から──　19

　2　法科大学院の開設と「実務と理論の架橋」　20

　3　それでも刑法解釈論は変わらない？

vi　目　　次

　　　──佐伯仁志教授のコメントの意味──　21

Ⅴ　裁判員裁判のもとでの刑法解釈論⑵

　　　──各論：刑法の「適用」──　………………………………………23

　　1　法令の「解釈」と「適用」　23

　　2　規範的正当化と事実的正当化　25

Ⅵ　お わ り に　………………………………………………………………27

第2章　犯罪の成立を基礎づける事情について

　　─故意と共謀共同正犯─　　　　　　　　　高　橋　則　夫

Ⅰ　はじめに──行為が犯罪となるルール──…………………………29

Ⅱ　犯罪成立の第1ステージ──構成要件該当性──　……………………31

　　1　「構成要件」とは何か　31

　　2　構成要件要素──客観的要素と主観的要素──　32

Ⅲ　「わざと」＝故意（とくに、殺意）　………………………………33

　　1　は じ め に　33

　　2　故意の内容　33

　　　⑴　認　　　識　33　　　⑵　認　　　容　35

　　3　いわゆる「殺意の6要素」　37

　　4　判例の立場　37

　　5　裁判員裁判における殺意の捉え方　39

　　6　課　　　題　40

Ⅳ　複数の人が犯罪にかかわるとき（とくに、共謀共同正犯）……………40

　　1　共同正犯・教唆犯・従犯（幇助犯）　40

　 ･2　共謀共同正犯　42

　　　⑴　判例の展開　42

　　　⑵　判例による共謀共同正犯の成立要件　44

　　3　裁判員裁判における共謀共同正犯の捉え方　44

　　4　課　　　題　45

Ⅴ　お わ り に　………………………………………………………………46

第3章　犯罪の成立を阻却する事情について　　　　橋 爪　　隆

Ⅰ　は じ め に ……………………………………………………………47

Ⅱ　裁判員裁判と刑法理論 ………………………………………………48

　　1　裁判員裁判における裁判員の役割　48

　　2　裁判員裁判における法令解釈の在り方　50

Ⅲ　正 当 防 衛 ……………………………………………………………52

　　1　総　　　説　52

　　2　判 例 理 論　54

　　⑴　正当防衛状況に関する判断　54　　　⑵　防衛の意思　57

　　⑶　防衛行為の相当性　58

　　3　若干の検討　59

　　⑴　総　　　説　59　　　⑵　正当防衛状況の判断について　60

　　⑶　防衛の意思について　64

　　⑷　防衛行為の相当性について　65

Ⅳ　責 任 能 力 ……………………………………………………………66

　　1　総　　　説　66

　　⑴　責任能力の内容　66　　　⑵　責任能力の判断　68

　　2　『司法研究・難解な法律概念』の提言について　73

第4章　裁判員裁判と量刑　　　　稗 田　雅 洋

Ⅰ　は じ め に ……………………………………………………………77

Ⅱ　国民の司法参加と量刑について ……………………………………77

　　1　世界の国民参加制度　77

　　2　ドイツの参審制度と日本の裁判員制度　78

　　3　裁判員裁判における量刑判断に向けた準備　80

Ⅲ　量刑の基本的な考え方について ……………………………………81

　　1　刑法の量刑に関する考え方　81

　　2　刑罰の本質論と量刑　83

Ⅳ　行為の社会的類型と量刑データベース ……………………………85

　　1　行為の社会的類型の考察　85

viii 目　　次

　　2　量刑データベースについて　86

　　3　量刑データベースを用いた量刑の議論　88

　Ⅴ　量刑評議の実情 ……………………………………………………89

　　1　量刑評議の進行例　89

　　2　量刑評議における議論の位置付けと実情　91

　Ⅵ　量刑傾向の法律的意味と量刑評議 ………………………………92

　　1　量刑傾向の法律的意味に関する最高裁判例　92

　　2　死刑が求刑される事件の判断　95

　　3　裁判員裁判対象事件の量刑傾向の変化　97

　Ⅶ　裁判員裁判における量刑判断 ……………………………………97

第5章　市民の規範意識と裁判員裁判　　　　　　　　松原　英世

　Ⅰ　は じ め に …………………………………………………………99

　Ⅱ　裁判員制度の目的と効果 ……………………………………… 100

　　1　裁判員制度の目的　100

　　2　裁判員制度の効果　102

　　3　米国の陪審制度　104

　Ⅲ　司法制度改革の背景にあるもの ……………………………… 106

　　1　司法制度改革の目的　106

　　2　司法と政治の峻別　107

　　3　専門性と主権性の対立　109

　Ⅳ　刑事政策の担い手としての市民 ……………………………… 113

　Ⅴ　市民の規範意識と討議 ………………………………………… 116

　判 例 索 引 ……………………………………………………………… 123

凡　　例

1　法　　令

　法令名の略語、通称は、各年版の六法全書（有斐閣、三省堂）又は大方の慣用に従う。

2　判　　例

　判例集・判例収録誌の略称は、次の例によるほか、一般の慣例に従う。

　例）最（一小）判平成24・2・13刑集66巻4号482頁：最高裁判所第一小法廷判決平成24年2月13日最高裁判所刑事判例集第66巻第4号482頁以下

大判：大審院判決

最大判：最高裁判所大法廷判決

最（一小）判（決）：最高裁判所第一小法廷判決（決定）

最（二小）判（決）：最高裁判所第二小法廷判決（決定）

最（三小）判（決）：最高裁判所第三小法廷判決（決定）

高判：高等裁判所判決

地判：地方裁判所判決

支判：支部判決

刑録：大審院刑事判決録

刑集：最高裁判所刑事判例集

裁判集刑：最高裁判所裁判集刑事

判時：判例時報

判タ：判例タイムズ

3　雑　　誌

刑雑：刑法雑誌

刑ジャ：刑事法ジャーナル

刑弁：季刊刑事弁護

x　凡　　例

ジュリ：ジュリスト

曹時：法曹時報

ひろば：法律のひろば

論究ジュリ：論究ジュリスト

4　司法研究等

『司法研究・難解な法律概念』：佐伯仁志＝酒巻匡＝村瀬均＝河本雅也＝三村三緒＝駒田秀和『難解な法律概念と裁判員裁判』〔司法研究報告書61輯1号〕（2009年、法曹会）

『司法研究・量刑評議の在り方』：井田良＝大島隆明＝園原敏彦＝辛島明『裁判員裁判における量刑評議の在り方について』〔司法研究報告書第63輯第3号〕（2012年、法曹会）

5　概説書

高橋・総論［3版］：高橋則夫『刑法総論［第3版］』（2016年、成文堂）

6　判例解説・判例研究、論文集等

最判解刑昭和（平成）○年度：最高裁判所調査官室編『最高裁判所判例解説 刑事篇 昭和29年度～』（1955年～、法曹会）

新刑法争点：西田典之＝山口厚＝佐伯仁志編『刑法の争点』〔新・法律学の争点シリーズ2〕（2007年、有斐閣）

新実例刑法［総論］：池田修＝杉田宗久編『新実例刑法［総論］』（2014年、青林書院）

7　記念論文集

植村退官(2)：「植村立郎判事退官記念論文集」編集委員会編『植村立郎判事退官記念論文集 現代刑事法の諸問題 第二巻 第2編 実践編』（2011年、立花書房）

第1章
裁判員制度のもとでの刑法
― 総論的考察 ―

早稲田大学法学学術院（法学部）教授　**松　澤　　伸**

I　は じ め に
II　裁判員制度の導入と刑法
III　裁判員制度の導入を受けた刑法解釈論の変化
IV　裁判員裁判のもとでの刑法解釈論(1)――総論：方法論の素描――
V　裁判員裁判のもとでの刑法解釈論(2)――各論：刑法の「適用」――
VI　お わ り に

レオナルド・ダ・ヴィンチ「単純さは究極の洗練である。」

アルバート・アインシュタイン「あらゆるものはできるかぎり単純にすべきである。ただ，単純にしすぎてはいけない。」

I　は じ め に

　2009年5月，裁判員制度が始まった。裁判員制度は，従来，ともすれば市民感覚と離れているといわれてきた刑事裁判について，市民が，直接，刑事裁判のコントロールに加わり，これを活性化しようとする狙いを持った制度である。

　裁判員制度の趣旨は，法理論的な観点からいえば，本来的には，刑事裁判に市民の感覚を反映させること，また，裁判を民主的にコントロールするという契機を実現することにあるといえる。ただ，こうした制度には，当然，副次的にもたらされる効果もある。有益な効果として，かつては非常に長い時間がかかっていた裁判の迅速化がはかられたこと，また，書面をもちいた

審理が中心であった刑事裁判において、裁判の場で、口頭で立証し、直接証拠調べを行うという理念が、実質的にも実現されたということがあげられよう。

　これは、裁判のプロセス、すなわち、刑事手続あるいは刑事訴訟法という観点からの副次的な効果であるが、実体法あるいは刑法という観点からも、裁判員が加わることで、従来、複雑でわかりにくいといわれてきた刑法解釈論が、シンプルでわかりやすく、市民にも理解できる刑法解釈論に変化する（はずである）という副次的な効果が期待されてきたところである。

　本稿は、この後者の点、すなわち、裁判員制度が刑法にもたらす影響という観点から、裁判員制度と刑法の関係について、総論的に考察するものである。

Ⅱ　裁判員制度の導入と刑法

1　世界の市民の刑事裁判参加制度

　世界の市民の刑事裁判参加制度には、陪審制と参審制があるといわれる。陪審制、参審制という名前は、誰もがどこかで耳にしたことがあるだろう。特に有名なのは、アメリカの陪審制である。テレビや映画などで、一番親しまれている制度といえるかもしれない。アメリカの法廷を舞台にしたドラマでは、弁護人が情熱的に陪審員に語りかけたりするシーンが見られるし、陪審員が密室で評議するシーンのみを人間ドラマとして仕立てた『12人の怒れる男』[1]という映画もある。市民のみで構成された陪審員が評議によって被

（1）　シドニー・ルメット監督、ヘンリー・フォンダ主演の1957年のアメリカ映画である。以下、若干の個人的な記憶を記すことをお許しいただきたい。私は、学生時代、早稲田大学法学部主催の鑑賞会で、大隈講堂においてこの映画を観る機会があった。そのときの友人たちとの感想は、アメリカの裁判はこんなに民主的なのか、素晴らしい、日本にも陪審制が必要だ、というものであった。これは、学生に限った感想ではなかったと思う。当時の日本の学者や司法関係者も、多かれ少なかれ、陪審制に憧れをもっていたと思われる。しかし、日本において、市民の裁判参加制度をリアルに考えるようになると、状況はだいぶ変わった。裁判員制度の導入が決まった直後、学生たちに同じ映画を見せた時の感想を、今もはっきり記憶している。彼らは、私たちが学生時代に憧れをもって見たこの映画について、口々に、陪審制は怖い制度だ、ヘンリー・フォンダのような人がいなければ簡単に冤罪事件が起こってしまう、こんな制度が日本になくてよ

告人の有罪・無罪を決定するという制度は、民主主義に最大の価値をおくアメリカを、一面において、象徴する制度ともいえるだろう。

一方、参審制は、ドイツやフランスなどのヨーロッパ大陸において主に用いられている制度である。裁判官と離れた陪審員専用の特別の席が設けられている陪審制とは違い、参審制では、市民が裁判官と並んで法壇に座っている。陪審制に比べると、日本人にはなじみが少ないかもしれない。もちろん、ヨーロッパ映画がアメリカ映画に比べて日本で上映される機会が少ないということもあろうが、それ以上に、市民と裁判官が合議して被告人の有罪・無罪を決定するという制度であるため、陪審制のようなドラマチックな展開があまり見られないことも、映画やドラマになりにくいという意味で、影響しているかも知れない。しかし、派手さはなくとも、参審制は、大陸法諸国ではごく一般的な制度であり、世界的にみれば、陪審制よりも多くの国で用いられている制度だということができる[2]。

2 陪審制と参審制――理念型――

さて、陪審制と参審制はこうした制度であるが、そのより具体的な内容について、ここで詳しくみておくことにしよう（なお、ここで示すのは、最も平均的な制度であり、国や制度によって、様々の形がありうる）。

まず、陪審制である。陪審制は、主に、英米法系諸国で採用されている。市民が裁判官から独立して被告人の罪責について判断する（つまり、裁判官の助けを借りず、市民だけで評議して被告人の有罪・無罪を決定する）。逆に、量刑については、裁判官だけで行うのが一般的である。市民は12人が参加し、裁判官は1人である。市民は、一回の事件ごとに無作為抽出される。なるべくかたよりなく市民を選び出すという観点からの制度設計であり、民主主義を重視する陪審制らしいシステムである。事件ごとに無作為抽出されるわけだから、一度裁判に参加した市民は、その裁判が終わればお役御免であり、別の

かった、と語ったのである。このことは、陪審制の欠陥（法的安定性の保障が欠けていること）を鋭くつくものであり、自分たちの時代との違いを実感したものである。
（2）　世界各国の市民の裁判参加制度を紹介した書籍として、神谷説子＝澤康臣『世界の裁判員』（2009年、日本評論社）がある。

	陪審制度	参審制度
採用する国	英米	ヨーロッパ大陸諸国
評議	市民は職業裁判官から独立して評議	市民と職業裁判官が合同で評議
職業裁判官の数	1人	1～3人
市民の数	12人	2～6人
選任方法	無作為抽出	推薦が中心
任期	なし・1回の事件毎	2～4年
市民の権限	事実認定	職業裁判官と同じ（事実認定・法令の解釈・適用）

裁判に参加することはない。陪審制では、市民の意見を極力ダイレクトに裁判に反映させようと考える。そのため、陪審員は、裁判官の影響を受けてはならない、ということになり、結果、法廷における両者の接触は認められないということになる。陪審員席と裁判官席（法檀）が離れているのは、そのためである。こうして、陪審員は、裁判官と接触することなく被告人の罪責について判断することから、専門的な法令の解釈・適用について判断することは困難である。そのため、市民の権限は、事実認定に限定される。

　これに対し、参審制は、主に、ヨーロッパ大陸法系の諸国で採用されている制度である。市民は、裁判官と合同で評議し、裁判官と一緒に被告人の罪責について判断する。量刑についても同様に判断するのが一般的である。市民は、陪審制と比べて少ないことが多く、2名から6名である。10人近くの参審員が参加する国もあるし、そうした制度を構想することも可能だが、裁判官の数を加えると大人数になりすぎるし（裁判官は1～3名参加する）、裁判官との合議を有効に行うためには、人数を絞る必要もあるということである。市民は、何らかの形で推薦を受けて選出されるのが一般的である。たとえば、政党の推薦や組合の推薦等を受け、公的機関のリストに掲載された上で選出されるという手続が取られる。これは、裁判官と意見を交換するためには、それなりの議論が可能な人材を選ばなければならないという配慮に基づくものと考えられている。リストに掲載された市民は、参審員としての任

期をもっており、任期中に、複数の裁判に参加していくことになる。これ
も、複数の裁判に参加することで、裁判官と十分に議論できる素養を育てて
いくことにその趣旨がある。このように、参審制における市民は、刑事裁判
に実質的に関与できるだけの素養をもつことになるから、陪審員のように事
実認定に関与するだけではなく、法令の解釈・適用についても、裁判官と同
様の権限をもたせても問題ない。むしろ、市民の意見を、そうした面におい
ても反映させるのが参審制の趣旨ということになる。

3　裁判員制度の特徴

　日本では、裁判員制度の導入に際して、どちらの制度を導入するかという
ことで、意見が激しく対立し、様々な議論がなされた。結論としては、両方
の制度の良いところを生かそう、ということで、全く新たな制度として、裁
判員制度が構想された、ということになっている。

　そこで、裁判員制度の特徴を、陪審制・参審制と比較しながら、確認して
おこう。裁判員制度の裁判体は、原則として、職業裁判官3名、市民は6名
で構成される。陪審制より少ないが、参審制としては、国際的に比較して
も、最も大きなサイズに属する裁判体である。市民は、有権者の中から無作
為抽出され、任期は設けられていない。事件ごとに選任されることになる。
裁判員は、職業裁判官とともに合同で評議するが、その権限は、事実認定と
法令の適用に限定され、法令の解釈は含まれていない。

　このように、裁判員制度では、裁判体のサイズや評議の形態は参審的であ
るが、裁判員の権限と選任方法は陪審的であるということができる。

　裁判員制度は、陪審制と参審制の両方の性格をあわせもっている。そのた
め、裁判員制度は、陪審制でも参審制でもない、新たな制度だと喧伝されて
きたのである。ただ、陪審制と参審制の最大の違いはどこにあるのか、と問
われたとき、その答えは、裁判官と市民が合議して判断するのかそうでない
のか、ということになるはずである。そうだとすれば、裁判員制度は、明ら
かに、参審制の一種であるということになる。

　では、なぜ参審制の一種として構想されたのであろうか。当初、日本で
は、陪審制の方が有名であった。日本では、戦後、刑事裁判の理想像のひと

	裁判員制度
評議	市民と職業裁判官が合同で評議
職業裁判官の数	3人
市民の数	6人
選任方法	無作為抽出
任期	なし・事件毎
市民の権限	事実認定・法令の適用

つとして、アメリカの制度が参考とされてきたこともあって、陪審制に関する情報は、かなり以前から知られていたのである。これには、日本とアメリカの刑事裁判の基本構造（当事者が裁判のイニシアチブを取る当事者主義という制度）が似ていたということも関係している。これに対し、参審制は、参審制を用いているドイツやフランスの刑事裁判制度の基本構造（裁判官が裁判のイニシアチブを取る職権主義という制度）が日本とはかなり異なることから、日本で用いることが現実的に考えられてこなかったのである。

　ここで、少し日本の刑事裁判制度の基本構造について説明しておこう。日本の刑事訴訟法は、戦前は、ドイツに範をとったものであった。裁判官が真実を究明することに重点が置かれ、裁判官は検察官の嫌疑を引き継いで裁判を行っていた。このような制度は、いきおい、被告人を処罰しようとする傾向が強くなる。それが、戦後になって、GHQ の主導で、アメリカ法の影響を強く受けた新しい刑事訴訟法が制定された。この法律は、アメリカ型の刑事訴訟に完全に移行させるものではなく、戦前のドイツ型の刑事訴訟の性格も色濃く受け継いでいるユニークなものであるが、基本的なところでは、アメリカ型の当事者主義を採用している。このような制度のもとでは、陪審制がよいと考えられたのも無理はない。

　しかし、日弁連が1993年にスウェーデンの、1996年にデンマークの刑事裁判制度を視察したことにより、日本のような当事者主義の下で、参審制を運用し、それが大変な成功を収めている国があることが知られるようになった[3]。北欧の参審制度が注目を集めるようになったのである。

　北欧の中でも、デンマークは、陪審制と参審制を併用していた。通常、陪

審制の国は陪審制しか知らず、参審制の国は参審制しか知らないため、自国の制度に対して懐疑的な立場から検討することができない。しかし、デンマークは、併用制を取るため、陪審制・参審制の長所・短所がはっきりとわかる。結論からいうと、デンマークでは、陪審制の欠点が指摘され、ついに陪審制は事実上廃止されるにいたった[4]。

陪審制が批判される最大の理由は、市民だけで被告人の罪責を決定するため、判決に理由がつけられない、というところにある。この深刻な欠点は、どんな工夫をしても逃れることのできない陪審制の宿命である。理由なき有罪判決を受けた被告人は、上訴しようにも何を争点としてよいか分からない。理由なき無罪判決を聞く被害者は、なぜ被告人が処罰されないのか、納得できる説明を聞くことができない。具体的にいえば、喫茶店に強盗に入り、店主を殺して売上げすべてを奪って逃げたような重大事件では、市民による理由なき有罪判決が下されるわけだが、コーヒーカップを盗んだような軽微な事件では、職業裁判官による詳細な理由が付された有罪判決が下される。これは、あまりにも不合理であり、近代の裁判制度としては、致命的欠陥である。さらに、陪審制は、多数の市民が参加するため、機動性に欠け、重大事件にしか用いることができない。市民の参加は、氷山の一角だけにとどまってしまう。

日本の裁判員制度は、こうした不都合を避けるため、参審制度を導入したと考えられるであろう。

4　裁判員が加わることによって刑法解釈論に何が起こるのか？

裁判員制度をわかりやすい例でたとえてみよう。佐藤博史弁護士は、裁判員制度を、お客がコックとともに厨房に入るレストランにたとえている。お客が厨房に入れば、たとえ調理それ自体にかかわれないにせよ、そこで何が

（3）　スウェーデンについて、東京三弁護士会陪審制度委員会編『スウェーデンの参審制度――国民参加の刑事裁判』（1995年）、デンマークについて、日本弁護士連合会司法改革推進センター編『デンマークの陪審制・参審制』（1998年、現代人文社）を参照。
（4）　デンマークにおける陪審制廃止に至る経緯については、松澤伸『デンマーク司法運営法』（2008年、成文堂）181頁以下。

行われているのか、しっかりとみることができる。調理が適切な方法で行われているのか、監視することができる。裁判官は、従来のように、プロフェッショナル同士の阿吽の呼吸で判断するといったことはできなくなるであろう。すなわち、裁判官の仕事ぶりを市民が監視するシステムが作られているわけである。

そうした状況の中では、調理も、市民の納得のいく形──わけのわからない食材や調理法は使わない、使うにしても、食べる側が十分に納得できるように説明するといった形──により、刑法解釈論がわかりやすくなる基盤がある、ということができるであろう。

Ⅲ　裁判員制度の導入を受けた刑法解釈論の変化

1　日本の刑法解釈論の伝統

さて、裁判員制度によって刑法解釈論が変わっていくかも知れない、という。では、これまでの伝統的な日本の刑法解釈論とはどのようなものなのであろうか。

そこで、話は現行日本刑法典の制定に遡ることになる。日本の現行刑法典は、明治40年に制定されたものである。当時、明治政府はヨーロッパに学んだ法制度を整備・発展させており、刑法は、ドイツ刑法・ドイツ刑法学を参考に制定された。それ以来、日本の刑法学者は、いわば母法であるドイツ刑法・ドイツ刑法学を学ぶため、ドイツに留学し、ドイツ流の刑法学を日本に輸入した。日本の刑法学は、ドイツ刑法学の強い影響のもと発展してきたといえる。

ドイツ刑法学は、体系的・理論的であり、極めて精密な議論を行う。刑法が、刑罰という重大な効果をもたらす法律であることを考えれば、そのことにも十分な理由はあるのだが、それは、ともすると、観念的・抽象的な議論に陥り、極めてわかりにくい議論ともなりうる。

我が国を代表する刑法学者である団藤重光教授は、その体系書のはしがきにおいて、刑法学においては、「微動もしない正確な理論構成への要請」[5]

---

(5)　団藤重光『刑法綱要総論［初版］』(1957年、創文社)「はしがき」。

があると述べている。この本が出たのは、昭和32年（1957年）のことであるが、同じ本のはしがきにおいて、すでに当時、「専門家による刑法の理論構成は、日ましに精密さと複雑さとを加えて来て、次第に近寄りにくいものになりつつある」とも述べられている。

その後の50年で、刑法学は高度に理論的かつ精密に発展したが、同時にますます市民から遠い存在となっていった。それが裁判員制度によって、（まさに厨房において）市民が職業裁判官による法令の解釈を目の当たりにすることになり、学界においても、変化が起きるのではないか、という予測（期待・不安）が起こることとなったわけである。

2　学界における研究

(1)　ワークショップ「裁判員制度と刑法」（2004年）

こうして、学界でも裁判員制度にともなう刑法解釈論のあり方について研究が始まった。その研究の過程を、時系列を追いつつみていくことにしよう。

研究の最初期のものとしては、第82回刑法学会ワークショップがある[6]。このワークショップは、おそらく、学界において最初に行われた裁判員制度のもとでの刑法理論の検討のひとつであったと思われるが、そこでは、現在に続く議論の萌芽がすでにあらわれている。たとえば、法令の解釈と適用の区別ができるのかという問題の指摘、また、裁判員にわかりやすく説明することの重要性等については、現在も検討が続いている重要な問題である。

そして、「より一層『一般人に解りやすい解釈』が求められることになり、それに伴い、刑法理論も実務にいかに役立つかという観点が重視されるようになるであろう」[7]という総括が行われている。

(2)　多くの模擬裁判の実施

また、裁判員制度の導入をにらんで、模擬裁判が各地で実施された。実際にやってみて、そこで問題となってきたのは、刑法上の難解な概念が、法律

（6）　このワークショップの様子について、木村光江「ワークショップ・裁判員制度と刑法理論」刑雑44巻2号（2005年）119頁以下参照。

（7）　木村・前掲注(6)122頁。

の素人である裁判員にはわかりにくい、ということであった。たとえば、故意、共犯と正犯の区別、正当防衛の成立範囲、責任能力の判断基準、といった問題が、裁判員には非常に理解しにくいことがわかってきたのである（これらの個別の問題については、本書第2章、第3章が取扱う）。

　そこで、これらの概念を平易に言い換えることの重要性が指摘されるようになった。そして、さらに進んで、平易な言葉で言い換えただけでは不十分で、少なくとも、判例で問題とされた要素を裁判員の理解しやすさという観点から整理する[8]ことの重要性も指摘されるようになった。

(3)　橋爪隆教授「裁判員制度のもとにおける刑法理論」（2008年）

　こうした議論が行われる中、橋爪隆教授（本書の共著者でもある。本書第3章を参照）は、裁判員制度実施を翌年に控えた2008年、「裁判員制度のもとにおける刑法理論」[9]と題する論文の中で、以下のようなことを指摘している。

　すなわち、刑法理論の存在価値について疑問を示す見解も主張されているが、刑法理論は、一般人に理解できなければならないというものではない（上記ワークショップに対しては、やや否定的なニュアンスで言及されている）[10]。そして、従来も、これからも、刑法理論・実務的な研究の名宛人は、法律の専門家である裁判官であって、「刑法解釈の水準を、法律の非専門家のレベルに対応させる必然性はそもそも存しない」[11]ことが指摘されている。

　私自身は、橋爪教授も論文の中で自戒されるように、「単なる概念の置き換えや思考遊戯など」[12]によって、学者の自己満足的な学説が主張されることがしばしばあったこと、また、理論と呼ばれているものが、それが複雑な理論の組み合わせであるときには特に、虚構を正当化する可能性があることから[13]、理論というものに対しては、頭から信用することなく、常に疑いの目をもちつつ検討することが重要だと思っている。しかし、だからといっ

（8）　駒田秀和「難解な法解釈と裁判員裁判──裁判官の立場から──」刑ジャ10号（2008年）75頁参照。
（9）　橋爪隆「裁判員制度のもとにおける刑法理論」曹時60巻5号（2008年）1頁以下。
（10）　橋爪・前掲注(9)2頁。
（11）　橋爪・前掲注(9)4-5頁。
（12）　橋爪・前掲注(9)4頁。
（13）　松澤伸「機能的刑法解釈方法論再論」早稲田法学82巻3号（2007年）165頁。

て、理論それ自体の意義は、全く否定するつもりはない。むしろ、私自身、これまで基礎理論的研究テーマを選んできたことからもわかるように、基礎理論に基づく学問としての刑法学は、極めて重要であると考えている。その点で、橋爪教授とも見解は異ならないであろう。

それをふまえて、裁判員制度のもとでの「刑法解釈論の新たな課題」は、「平易に説明する作業の在り方について、建設的な批判・提言を行うこと」[14]である、とされており、まさに問題はこの点にある、ということができよう。

その作業のあり方について、この論文では、いくつかの指摘が行われている。橋爪教授によれば、以下のような手法は、裁判員裁判においては適切ではない、とされている[15]。

① 「一般理論や一般条項を提示することによる問題解決」
② 「単に考慮されるべきファクターを並列的に示して、それらの総合考慮によって要件の存否を決するという手法」
③ 「判例における一般的法命題」の「過度の重視」

これらは、裁判員制度のもとにおける刑法解釈論として、「してはならないこと」ということができる。これをステップとして、次節で紹介する『平成19年度司法研究・難解な法律概念と裁判員裁判』では、「なすべきこと」という形で、裁判員制度のもとにおける刑法解釈論のあり方がまとめられることになる。

3 『平成19年度司法研究・難解な法律概念と裁判員裁判』（2009年）

2009年には、『司法研究・難解な法律概念』が公刊された。本書は、法律概念が裁判員にとって難解である理由を検討し、いかにしてこれを裁判員に理解させるかについて、研究を行ったものである。ここでは、その総論の部

---

(14) 橋爪・前掲注(9)5頁。
(15) 橋爪・前掲注(9)9-10頁。

分を見ていくことにしたい。

『司法研究・難解な法律概念』は、裁判員にとって法律概念が難解な理由を、①法律概念の定義・要件が難しいこと、②認定事実をその概念に当てはめるのが難しいこと、をあげている。そして、裁判員に難解な法律概念を説明するにあたり、重要なこととして、①難解な法律概念の本当に意味するところに立ち返った説明を行うこと、②法律概念に関する判断対象を簡素化・明確化すること、③法律概念に関する当事者（被告人・検察官）の主張において、法律概念について、考慮要素を抽出するとともに、理由の道筋を示すようにすること（その際に、多くの類似事案の判例や裁判例を通じ、どのような事実関係であればいかなる要素が重要視され、どのような結論に至ったのかを分析し、これらをある程度抽象化・類型化し示すことも有効であるとする）、をあげている。

より簡明にまとめれば、以下のようになろう。

① 刑法上の概念は難しいが、その専門性のレベルを下げることによって裁判員に理解してもらうのではなく、そのレベルを維持しつつも、「本当に意味するところ」に立ち返って説明することで理解を促すことが重要である。

② そのためには、さまざまな考慮要素のうち重要なものにポイントを絞って検討することが大事である。

③ 有益な方法として、たとえば、類似事案を分析して考慮要素を抽出し、類型化するという方法をとることが考えられる。

ここで示されたマニフェストについて、この研究に中心的に関与した佐伯仁志教授は、以下のように述べている。すなわち、「適切な判断を行ってもらうためには、単に専門用語をわかりやすい言葉に置き換えただけでは不十分であり、その本当に意味するところを正確に表現することが必要である」[16]と。まさに、ここが核心部分である。「本当に意味するところ」がキーワードということになる。

---

(16) 佐伯仁志「裁判員裁判と刑法の難解概念」曹時61巻8号（2009年）1頁。

佐伯教授は、この問題に、早くから取り組んできた研究者の一人であり、裁判員制度の導入が決まった2004年にも、「〈シンポジウム〉裁判員制度の導入と刑事司法」において、「裁判制度の導入と刑法のあり方」という題目で講演を行っていた[17]。当時、佐伯教授は、刑法学者の議論は複雑で難解なので、裁判官も説明が困難なことがあるのではないかという見方に対し、「刑法学で特に難解と言われる部分は、結論と直接関係のない理論的な説明の仕方に関するものがほとんどですから、そのような部分を裁判員に説明する必要はありませんので、心配する必要はないと思います」[18]と答えている。

ここで、佐伯教授は、「難解な理論構成」に言及されていたが、実際は、「難解な法律概念」それ自体がわかりにくい、ということが模擬裁判等を通じて明らかとなってきたわけである。そこで、「本当に意味するところ」を明快に示すことが、刑法解釈論の重要な課題として、まさに認識されたわけである。

4 「類型化」の重要性

こうした「本当に意味するところ」をいかにして示すかについて、注目されたのは、事案の類型化という手法である。前述した『司法研究・難解な法律概念』は、「多くの類似事案の判例や裁判例を通じ、どのような事実関係であれば、いかなる要素が重視され、どのような結論に至ったのかという分析をし、これらをある程度抽象化し類型化したもの」が有用であるとしつつ、裁判実例の類型化の重要性を指摘している。

こうした類型化の手法は、一般に、「裁判員にとって判断の困難性を緩和させるものであり、必要な作業であることは疑いのないこと」[19]とか、「これから非常に大切になるだろうと思われ」る[20]と評価されている。

ただ、こうした積極的な評価と同時に、類型化の手法が持っている問題点

---

(17) 井上正仁＝山室惠＝古江頼隆＝佐藤博史＝佐伯仁志「〈シンポジウム〉裁判員制度の導入と刑事司法」ジュリ1279号（2004年）102頁以下〔佐伯発言〕。

(18) 井上＝山室＝古江＝佐藤＝佐伯・前掲注(17)104頁〔佐伯発言〕。

(19) 髙橋則夫「裁判員裁判と刑法解釈」刑ジャ18号（2009年）3頁。

(20) 山口厚＝井田良＝佐伯仁志＝今井猛嘉＝橋爪隆＝中谷雄二郎「〈座談会〉裁判員裁判と刑法解釈の在り方」ジュリ1417号（2011年）141頁〔山口発言〕。

も——その積極的な評価を行なっている論者自身から——指摘されていると
ころである。すなわち、「問題は類型化の内容であり、その内容次第で裁判
員の判断は異なりうる」とか、「類型化を過度に単純化した場合……『法律
概念の本当に意味するところ』が捨象されるおそれもあるように思われ
る」[21]とされているし、また、「類型化を突き詰め過ぎて、類型自体として
固有の意味をあまりに持たせすぎることになると、どうして類型で解釈が異
なるのか、類型による解釈の差異化は恣意的な解釈に道を開くのではない
か、という問題が出てくる」[22]と指摘されている。

5 検 討

以上をまとめると、以下のようにいえるであろう。

「本当に意味するところ」を実質的に抽出して裁判員にわかりやすく提示
する。その際、一般的・抽象的法命題の形、総合判断の形で示す方法は、裁
判員にとって、わかりにくい。判断の対象それ自体を簡素・明確にしつつ、
事案を類型化することで、判断の基準をわかりやすく示す。

ここでまとめた内容は、現在の刑法学界における、裁判員制度のもとでの
刑法解釈論のあり方としてのひとつの到達点である。基本的には妥当な方向
性であろう。
ただ、筆者としては、最後に出てきている「類型化」の手法については、
十分な注意が必要であると思う。「類型化」の手法が非常に重要であるとい
う指摘があると同時に、これに対する警戒の念も述べられていることに注意
しなければならない。
「類型化」は、法律学的思考、あるいは法律学的論理を示すための典型的
方法のひとつであり、法律家にはなじみのある手法である。しかし、これが
一般市民にとってわかりやすいかといわれると、疑問を感じないではない。

---

(21) 以上、高橋・前掲注(19)3頁。
(22) 山口＝井田＝佐伯＝今井＝橋爪＝中谷・前掲注(20)141頁。

すなわち、「類型化」という手法をとると、かえってわかりにくくならないか、ということである。「類型化」においては、結局、いくつかの類型が示されたのちに、当該事案がどの類型にあたるのかを判断しなければならず、そこには、類型の違いを理解するだけのかなり法的・専門的な知識が要求されることになる。逆に、類型を複数示さないのであれば、結局は事後承認のようなものになってしまう。さらに、これまでに想定されていた類型に当てはまらない場合、事態はより深刻となる。そこでは、基準それ自体が失われ、判断がほぼ頓挫することになってしまうであろう。

こうした「類型化」という判断手法は、ケース・ローとしてのイギリス法・アメリカ法にヒントを得た考え方であろうと思われる。イギリス法やアメリカ法は、判例法主義の国である。基本的に事案ごとの判断を、つみかさねたケース・ローが重要となる。制定法はあっても、その精度は荒く、成文法国である日本とは異なり、判例によって補充されることが予定されている。そういった国では、判例の射程をはかり、過去の判例が、現在問題となっている具体的な事案にもあてはまるかどうかを判断するという手法がとられることになる。そのため、判例の基準を類型化することが、こうした国々における法的思考の重要な部分を占めることになると思われる。

しかし、日本の刑法学は、あくまでドイツ刑法型の理論的発展を遂げてきたのである。それは、ケース・ローではなく、抽象的な法命題によって、あるべき規範を明らかにする方法論である。それがあったからこそ、問題的思考を展開しても、最終的には体系的思考に戻り、安定した判断が可能となっていたのである。「類型化」という手法は、ともすると、「類型化」したことそれ自体で安心してしまい、問題の所在がどこにあるのかを忘れさせ、さらには、理論の意味を失わせる危険もあるように思われる。問題を機能的に理解し、具体的に解決することは極めて重要であるが、それを理論的にどのように位置づけるかという体系的思考をなくしてしまうとすれば、刑法解釈論は、その意義を失いかねないであろう。

6　本稿の提案——その1　類似事案の提示——

では、どのように考えればよいのか。筆者は、根本となる基準は、一般

的・抽象的基準とならざるをえないし、それで構わないと考えている。一般的・抽象的基準となると、裁判員に理解できないのではないか、という不安が感じられるかもしれない。しかし、まさしく「本当に意味するところ」をきちんと説明できれば、裁判員にも理解は可能であると思われる。

ただし、ここで「理解可能である」といい張るだけでは何の意味もない。そのための方法が重要であろう。まず、その一般的・抽象的な基準それ自体を、わかりやすく表現することはもちろんであるが、同時に、実質的な中身を示しつつ、具体的に提示することが重要である。

そして、そのための方法としては、「類型化」に替えて（あるいは加えて）、一般的・抽象的基準にあてはまるいくつかの類似事案を「そのまま示す」ということが考えられるのではないか。これは、一見、「類型化」の手法と同じように思われるかも知れないが、そうではない。これは、「いくつかのケースの共通部分を類型化して提示する」という方法ではなく、「サンプルとなるケースそれ自体を提示する」という方法である。それらのケースをみながら、実際に問題となっているケースと、どこが似ていてどこが違うのか、という点も含めて、裁判員の知恵を出すことが重要だと思われる。

これは、デンマークの刑法学者クヌド・ヴォーベン（Knud Waaben）の方法論とも軌を一にするものである。ヴォーベンは、20世紀中葉のデンマークの刑法学者であり、ドイツ刑法学の抽象的・観念的思考から強い影響を受けてきたデンマーク刑法学を、そのリアリスティックな方法論により、独自の機能主義刑法学へと発展させた。彼は、ドイツ流の一般的・抽象的規範を示す形での刑法学は、「せいぜい、裁判官が裁判で問題となっている犯罪類型を識別し、一定の用語を用いることができるようにするだけである」[23]という。つまり、「ドイツの刑法学者は、裁判実務で生じるすべてのケースをカバーするために」、刑法における判断基準を「ほんの短い定義にまとめようとして、しばしば、遠いところまで行き過ぎてしまう」[24]のである。これは、ドイツ刑法学においては、本来一つにまとめられるはずのないものを抽

---

(23)　Waaben, Det kriminelle forsaet, 1957, s. 47. 松澤伸『機能主義刑法学の理論』（2001年、信山社）288頁参照。

(24)　Waaben・前掲注(23) s. 363.

象化してひとくくりにしてしまっている、という指摘である。

　このことは、ドイツ刑法学に影響を受けた日本の刑法学においても同様に当てはまるであろう。前田雅英教授は、日本の刑法理論について、「学者の頭の中のシミュレーションは、緻密のようでスカスカ」であり、「実際の事件・歴史は、びっしり事実が詰まっている。」[25]と指摘する。ここでも、頭の中でシミュレーションして類型化するのはよいが、その「類型化」によってこぼれてしまう事情は必ず生じるのであって、「類型化」に過度の期待を寄せることはできないであろう。

7　本稿の提案──その2　新たな形による「総合判断」の手法──

　そして、『司法研究・難解な法律概念』は否定的であるが、プラグマティズムの観点からは、判断要素を列挙した、いわゆる総合判断という手法もありうるものと考える。総合判断の手法は、前田雅英教授による法的因果関係の判断方法がその典型的なものであろうと思われる[26]。ただ、こうした手法は、従来であれば、判断があいまいになり、法的安定性を害するとして批判の対象となってきた。『司法研究・難解な法律概念』が総合判断に否定的なのも、十分理由のあるところである。しかし、実際の裁判においては、その基準を、総合判断の手法で説明するのがもっとも適切であるような場合も見受けられるのであり、総合判断だからといって、これを頭から排除してしまっては、かえって基準が一般的・抽象的なままでとどまってしまい、その適用に大きなばらつきが生じてしまうことも予想されるところである[27]。ただ、総合判断を用いるにあたっては、ポイントとなる要素のみを列挙するだけではなく、そこで示されるポイントの中で、どれが最も重要なのか、列挙されるポイントは、それぞれどのような関係にあるのかといった、判断の核心部分を示すことが重要と思われる。いくつものポイントとなる要素を列挙

---

(25)　前田雅英＝藤森研『刑法から日本を見る』（1997年、東京大学出版会）56頁〔前田発言〕。
(26)　前田雅英『刑法総論講義［第6版］』（2015年、東京大学出版会）134頁参照。
(27)　松澤・前掲注(23)397頁では、判断のポイントを示す方法を、積極的な方向で評価した。

して、どのポイントも同じくらい重要、というのでは、ほとんど意味がない
し、列挙されるポイントの相互関係がわからなければ、判断が平面的・直線
的なものにとどまってしまうからである。

　そのため、総合判断の基準設定にあたっては、主要なポイントと付随的な
ポイントをわけて、重要なポイントを中心に判断を絞り込み、その後、付随
的なポイントを確認的に考慮していく方法が有益であろう[28]。なお、ポイン
トのうちの１項目の存在だけで結論を導いてしまってはならない[29]。それで
は、総合考慮した意味がなくなってしまう。

　なお、この総合判断（総合評価）については、法令の適用の問題であり、
裁判員がともに議論し結論を出すことになるという指摘がある[30]。総合判断
において重視される基準を列挙するところまでは法令の解釈の問題である
が、そのどれを重視して事案にあてはめていくかというのは、まさに法令の
適用の問題である。したがって、ここでは、裁判員の判断が重要になってく
るわけである[31]。

　「精密司法から核心司法へ」は、裁判員制度の導入において、平野龍一教
授の言葉を元に[32]語られたスローガンであるが、ここでは、いわば、「精密
刑法学から核心刑法学へ」という方向性があらわれる。そして、そのような
形での理論構成が、今後の刑法学においても重要となってくると思われる。

----

(28)　意思決定理論に関する竹村和久教授の研究によれば、重要な条件のみで選択肢を２
　　つ程度に絞ってから、残った選択肢を吟味するだけで、認知的努力も少なくて、比較的
　　足し算的な意思決定に近くなるという。要するに、大事な価値を考慮して思い切って選
　　択肢を絞ってから検討する決め方をしても、いろいろとじっくり考えて決めるのとほと
　　んど変わらないというのである。竹村和久ほか「多属性意思決定における決定方略の認
　　知的努力と正確さ」認知科学22巻３号（2015年）368頁以下参照。
(29)　このことについて注意喚起するものとして、高橋・前掲注(19)３頁。同趣旨の指摘と
　　して、笠井治「裁判員裁判と刑法解釈」刑ジャ18号（2009年）10頁。
(30)　稗田正洋「裁判員裁判と刑法理論」刑雑55巻２号（2016年）176頁。
(31)　ここからさらにもう一歩進めると、裁判員が加わって導き出された結論が、どのよ
　　うに正当化されるのか、という問題が出てくるが、これについては、法令の適用の問題
　　として、のちに論じることとする。
(32)　平野龍一『刑事法研究 最終巻』（2005年、有斐閣）182頁以下参照。

Ⅳ　裁判員裁判のもとでの刑法解釈論(1)
——総論：方法論の素描——

1　刑法解釈論とはなにか——アカデミックな側面から——

　ここでやや視点を変えて、アカデミックな側面から、我が国における刑法
解釈論の性格について述べることにしたいと思う。

　現在の我が国の刑法解釈論の源流を遡るとき、その出発点は、やはり、戦
後に新たな憲法のもとでスタートを切った刑法学ということになろう。戦
前・戦中において、刑罰権が暴走し、処罰の早期化・広範な処罰・不適切な
捜査や裁判が行われたことを反省し、客観主義に基づく犯罪論を基本とし
て、裁判官が恣意的な判断をしないように、裁判官を拘束する微動もしない
緻密な理論構成が要請されたのである。そのため、刑法学者は、理論刑法学
の研究にエネルギーを傾け、正確無比で緻密な刑法理論体系の構築へと向か
うことになった。

　こうした理論体系は、本来であれば（理論体系で裁判官を拘束するという目的
を達成しようとするのであれば）、ひとつの理論体系へと収斂されていかなけれ
ばならなかったはずである。しかし、理論体系は、緻密であるがゆえに、細
部において、学説の争いが生じてしまった。その結果、極めて多くの学説が
主張され、刑法解釈論のほぼ全領域において、微に入り細にわたって、論争
が展開されるようになってしまった。しかも、刑法学は、犯罪や刑罰とい
う、人間の本質・存在と密接にリンクする内容を取り扱う学問である。どう
しても、刑法学者個人の人間観・哲学と分かち難い部分がある。そのため、
刑法学者が、自己の人間観・哲学に従い、自己の信ずる価値判断や政治的立
場を背景として、それぞれ別の説を主張する、といった状況に陥ったのであ
る。こうした状況が生産的であるとは思えないし、刑法学者個人に自分なり
の意見があるにせよ、それを客観的な学問の名で語ることは妥当なのかどう
か、極めて疑問がある。

　実は、こうした疑問は、私法の領域では1950年代にすでに提起され、「法
解釈論争」という法学方法論についての論争へと発展した。しかし、刑法の
領域においては、この問題は、平野龍一教授が刑法の機能的考察を掲げ、こ

の問題について問題提起するまでは、ほぼ無視されてきた状態にあった。平野教授の主張の後も、ごく一部の見解を除いて、それほど真剣にとらえられ、また議論されたことはなかった。

筆者はかねてからこの点に疑問を抱いており、より客観的な刑法学を求めて、価値判断を排除した刑法学を構想することが重要であると考えた。そして平野教授にプラスして、デンマークのアルフ・ロスおよびクヌド・ヴォーベンの方法論に学んだ。そして、現にその国に妥当しているのは、裁判所において裁判として形成された法であり、それは、究極においては裁判官の思考である、という観点から、ヴァリド・ローを記述すること、すなわち、裁判官の思考の言語化をもって、刑法解釈論と位置づけるようになった。

したがって、私自身が展開する刑法解釈論は、裁判官の実際的・機能的思考を反映した刑法学である。こうした刑法学を、私は、機能主義刑法学と呼んでいるが、それは、刑法がいかなる機能を果たしているかという観点から、裁判官の思考の中にある現に妥当する刑法をとらえ、裁判員裁判における刑法解釈論の客観的な姿を、体系的思考からではなく、問題的思考から記述するものである。

裁判員制度のもとでの刑法解釈論も、こうした機能主義刑法学がふさわしいと思われる。問題の本質から出発し、事実認識を基礎として、どのような解釈を行えば社会を最適化できるか、という観点から問題にアプローチする方法は、体系的・抽象的な概念から、理論構築を試みる伝統的刑法学よりも、市民にもなじみやすいはずである。

2　法科大学院の開設と「実務と理論の架橋」

こうした機能主義刑法学は、法科大学院教育の影響のもとで、ある程度の有効性を発揮しつつあるように思われる。法科大学院制度は、2004年、裁判員制度の導入決定と時期を同じくして導入された。従来、一発勝負の（旧）司法試験で法曹資格を与えていた制度を大きく変更し、法曹になろうとする者に対して、知識偏重ではない教育、プロセスを重視した教育を施そうというわけである。法科大学院制度がうまくいったかどうかについては、本稿の扱う課題を超えるものであるから、ここでは言及しない。ここでは、法科大

学院における教育によって、刑法解釈論がどのように変わったのかということについて述べることにしたい。

法科大学院では、法曹になろうとする者に特化して法学教育を施すわけであるから、従来の学部教育・大学院教育とは異なり、常に実務との連関を意識した教育が行われることになる。「理論と実務の架橋」という著名なスローガンは、まさにそのことをあらわしたものである。本来、法科大学院は、教育改革なのだから、法学研究が必然的に変わるわけではないのであるが、実際には、法科大学院教育を担当すると、判例を基本に据えて、実務との連携を意識した教育を施さなければならないので、刑法学者も、必然的に、そうした内容に意識が向くことになる。そうなると、研究においても、そうした方向性が出てくるのは、必然的な流れである。もちろん、刑法学者は、それまでも、判例や実務を意識してこなかったわけではない。しかし、法科大学院の導入で、刑法解釈論が実務を意識したそれへとシフトしたことは否定できないであろう。

こうして、従来、自己の価値判断の理論体系化・判例への外在的批判に重点がおかれてきた刑法解釈論の研究も、問題解決を見据えた事実の認識・判例に内在する価値判断の内在的探究へと変化してきた。こうした変化は、上記の機能主義刑法学の方向性と軌を一にするものである。

3 それでも刑法解釈論は変わらない？
——佐伯仁志教授のコメントの意味——

こうした刑法解釈論の変化を前提としつつも、佐伯仁志教授は、「刑法解釈論は今後も基本的に変わらない」とされている。そして、その結論をサポートする論拠として、ドイツの参審制度に言及している。つまり、ドイツは参審制をとっているが、ドイツにおいて、素人である参審員にわかりやすいように刑法学がかわらなければならないという議論はないのだから、「参審制度をとるドイツにおいて精緻な刑法解釈学が発展してきたように、裁判員制度が導入されたからといって刑法解釈学が変わる必要はないと思われる。刑法理論と裁判員への説明は別物である」というわけである。

確かに、裁判員制度は、上述したように、参審制の一種であり、ヨーロッ

パで一般的にもちいられている参審制をモデルにしている。しかし、2つの点で、日本とドイツの制度は、決定的に異なっている。それは、ドイツの参審員は、その選任方法において、無作為抽出ではない（政党からの推薦を受ける）ということであり、任期制（5年）をとっている、ということである。日本の裁判員は、ドイツの参審員と比較して、裁判官との議論や、刑法解釈論の理解において、極めて不慣れなことを前提としなければならない。そう考えれば、ドイツがそうだからといって、日本でも刑法解釈論は変わらない、とはいえないであろう。

　ただし、佐伯教授の説明にも一理はある。日本の裁判員の権限は、ドイツやその他の国の参審制と違い、事実認定と法令の適用に限定されるからである。すなわち、裁判員法6条1項は、裁判員の権限を、①事実の認定（同1項1号）と②法令の適用（同1項2号）に限っている。ここで、事実の認定とは、刑罰権の存否および範囲を定める事実の認定を意味する[33]。いわば、事件に関して、どんなことがあったのか、起こったのか、なされたのか、といった事実を認定する作業である。そして、法令の適用とは、裁判官が示した法令の解釈を前提として、認定した事実がそれに該当するか否かを判断することを意味する。すなわち、解釈を前提とした事実の規範へのあてはめの作業である。法令の解釈が裁判官の専権事項ならば、裁判員がこれに影響を与えることも考えにくいというのには、一理あるわけである。

　しかし、いくつかの点で、解釈論が変化する可能性はある。これについては、実際に、裁判官自身から、以下のような指摘がなされているところである。すなわち、池田修裁判官によれば、「裁判員は裁判官の示した法解釈に従う義務があるとはいえ、論点によっては、裁判官らが裁判員の意見を踏まえて再検討することにより、裁判員を含めた多数を構成できるような別の法解釈を採用するのが相当というように、裁判官らにおいて意見を変える可能性も観念的には否定できない……。このように考えると、裁判員制度の導入は、実体法の解釈に変化をもたらす可能性を含むものである。」[34]と[35]。

---

(33)　池田修＝合田悦三＝安東章『解説　裁判員法──立法の経緯と課題［第3版］』（2016年、弘文堂）47頁。

(34)　池田修＝杉田宗久『新実例刑法［総論］』（2014年、青林書院）「はしがき」ii頁以下。

このように、裁判員制度のもとでは、理論的には従来と同じように高度であるが、裁判員にもわかりやすい刑法解釈が求められ、その中では、従来の解釈とは異なる解釈が出て来ることもありうる、ということになる。これが学者の考える裁判員裁判のもとでの刑法解釈論の姿の到達地点だといってよいであろう。

しかし、それだけで足りるかどうかを、あえてここで問題としてみたい。すなわち、裁判員も判断に加わる場面、特に、法令の適用という場面においては、もう少し、先があるのではないか。すなわち、以前からも指摘があり[36]、裁判員制度の導入に際してあらためて指摘されているように[37]、法令の解釈と適用は、相互に入り組んでおり、その区別は必ずしも明らかではないところがある。そうすると、この点は、裁判員裁判の導入により、新たに意識されることになりうる問題領域なのではないかと思われる[38]。節を改めて、これについて検討することとしたい。

V　裁判員裁判のもとでの刑法解釈論(2)
——各論：刑法の「適用」——

1　法令の「解釈」と「適用」

法令の解釈とは、法令の文言の意味を理論的に検討し確定するという、すぐれて法律学的な作業である。そして、理論的に考えれば、法令の解釈は裁

---

(35)　佐伯教授も、いくつかの可能性を指摘してはいる。佐伯仁志「裁判員裁判と刑法解釈の在り方」ジュリ1417号（2011年）111頁等。

(36)　小林充＝香城敏麿編『刑事事実認定（上）』「はしがき」（1992年、判例タイムズ社、）。また、最近は、そうした問題意識に基づき、判例で示された規範よりも認定された事実を基礎として正当防衛論を再構成する研究も登場している。木崎峻輔「正当防衛状況という判断基準について(1)、（2・完)」早稲田大学大学院法研論集140号（2011年）53頁以下、同141号（2012年）53頁以下、同「防御の招致の理論と正当防衛状況が問題となる事案の類型化(1)、（2・完)」筑波法政65号（2016年）29頁以下、同66号（2016年）127頁以下、等。

(37)　浅田和茂「裁判員裁判と刑法」立命館法学327＝328号（2009年）2頁。また、浅田和茂＝笠井治＝齋野彦弥＝中山博之＝半田靖史＝後藤昭「〈座談会〉裁判裁判によって刑法理論はどう変わるのか」刑弁56号（2008年）28頁以下における議論も参照。

(38)　新たに問題とされる領域がありうることについては、笠井・前掲注(29)10頁でも指摘されている。

判官の専権事項であり、したがって、それは、従来と同様、裁判官という法律専門家による高度に技術的な作業として行われることになる、という理解は、出発点においては間違っていない。

しかし、解釈された法令の事実への適用（あてはめ）には、裁判員がかかわることになっている。そして、法令の解釈と法令の適用は、言葉の上では区別できても、実際の区別は非常に困難なのである。

裁判員制度はお客が厨房に入ることのできるレストランだという、先述の例でたとえてみよう。裁判員ができるのは、素材の選択（事実認定）、そして、できた料理の盛りつけと提供（適用と量刑）である。調理それ自体と盛付けは、言葉の上では全く異なるものである。しかし、現実においては、相互連関している。つまり、どんな器に盛付けるかを考えなければ、調理それ自体が困難である。逆に、調理したものがどのようなものであるかで、盛付けもかなりの部分が決定される。同様に、法令の解釈と適用は、相互に密接に関連し、片方だけを担当すれば足りる、というものではない。

たとえば、従来、防衛行為の相当性の問題や、暴行の意義など、法令の解釈と適用の限界領域についても、刑法解釈論の枠内でこれを解決しようという方向で議論が行われてきたように思われる。実際に、こうした、法令の解釈と適用が絡み合っている領域があるとの指摘もある[39]。そして、こういった問題は、やはり、最終的には、適用の問題とならざるをえないのではないかと思われる。いかに詳細に理論化しても、防衛行為が相当かどうか、当該行為が暴行の概念に当てはまるか否かといった問題は、結局、一義的に明らかにすることはできず、そこで問題となる事実が、「相当性」の枠内に収まるのか、「暴行」概念で包摂されるか、という適用レベルの問題に帰着せざるをえないであろう。

特に、近時、解釈と適用の限界の問題がはっきりとあらわれてきている論点として、いわゆる「一連の行為」論がある。たとえば、量的過剰防衛が肯定されるためには、防衛の意思の一貫性が要求されるとするのが判例の立場だといわれるが、どのような場合にそれが一貫しているのか、場面が転換し

---

(39)　池田＝合田＝安東・前掲注(33)51頁、笠井・前掲注(29)10頁注(8)参照。

たとはどのような場合を言うのか、その基準は、言葉の上では明らかであっても、適用限界の部分はわからない。せいぜいいくつかの事例を比較してどうなるかを判断するのが限度で、一義的な基準では、その限界は、どうやっても明らかにならないのである。

　従来、我々は、この問題について、あまり考えてこなかったと思われる。法令の適用の場面においては、裁判官の職人芸的判断ということで、すべてが済まされてきたのではなかろうか。実際、「一連の行為」が問題となるような場面は古くから存在したはずである。インターネット犯罪や、特殊な経済犯罪などは、現代社会において特有の問題であるが、「一連の行為」で問題となるような状況は、ここ十数年ほどで突然登場したといった特殊な状況ではない。むしろ、いつの時代でも生じていたはずの状況である。

　こうした問題は、裁判官の職人芸的な判断だけでは市民の納得を得られない裁判員裁判において、析出してきた新たな問題点といえるであろう。刑法の解釈と同様、今や、刑法の適用についても、我々は、意識を向けなければならないのである。

2　規範的正当化と事実的正当化

　本来、刑法解釈論は、規範的に正当化される。すなわち、今までこうだったからこれからもこうである、とか、他の事案の結論とのバランスをとるとこうなる、といった議論で形式ではなく、事案よりも一段階上位にある抽象的なルールや原理に基づいて、論理的に考えていくとこのように解される、といった根拠により正当化される。前者の根拠も示されないことはないが、それは、あくまで規範的正当化を補強するための根拠である。

　法令の解釈の正当化はこのような形で行われるが、法令の適用においては、こうした正当化ができない。それは、規範的な基準からその限界が明らかとならない領域であって、規範的な正当化ができない領域なのである。そうなると、ここで出てくるのは、事実的正当化ということになる。

　事実的正当化は、本来的な正当化の根拠ではなく、仮に認めるとしても、補足的なものと考えられてきた。しかし、たとえば、上記の問題において、「なぜそれが正当化されるのか」については、規範的に答えることはできな

い。すなわち、規範的にはもう答えが出てしまっているのである。そして、それ以上の段階まで規範的正当化を推し及ぼしていくことはできない。

では、なぜ事実的正当化が許されるのか。これは、これまで、ほぼ議論されたことがない。事実的正当化の理由としては、従来、社会通念や常識といったものが持ち出されてきた。これが裁判員法6条1項3号において、市民が法令の適用に加わることの元来の意味であろう。すなわち、社会通念や常識を備えた市民が加わることで、適用の限界を、事実的に決定する、ということである。しかし、常識に従っているから正当化される、というのは、たとえ実質的にはそうだとしても、法理論的には、もう一歩洗練された説明が必要になるように思われる。

あくまで試論であるが、それは、「均衡的正義の要請」と解することが可能なのではないかと思われる。均衡的正義とは、他と均衡が取れていることが正義の要請にかなうという考え方である。つまり、今回の適用が、これまでに行われてきた適用の場面とバランスが取れているか否か、均衡しているか、ということが重要となる。その適用が均衡のとれた適用であるといえるのであれば、その適用は正当化される、ということになる。

これは、量刑理論における均衡原理にヒントを得た考え方である。近年、量刑においては、英米や北欧に端を発する均衡原理という考え方が有力化している。すなわち、均衡原理というのは、最大公約数的に定義すれば、犯行に均衡した刑罰を科さなければならないとする原理ということができる。この原理の源流としては、古くはタリオの思想、近くは応報思想が想起されるが、ここでいうところの「均衡原理」は、第二次大戦後に分析倫理学を基礎として展開されるに至ったものであり、タリオの思想や応報思想とは異なる性質を持つものである。誤解を恐れずにいえば、正義にかなった刑罰とは犯行に均衡する刑罰である、という思想であり、その基礎には、復讐や応報とは異なる視点が置かれる。そして、犯行に均衡した刑罰を科するという原理であるから、一切の予防的考慮は、原理的に排除される。予防的考慮の排除というと、ドラスティックに感じられるが、犯罪学においては、刑罰の特別予防効果・一般予防効果は立証されていない。特に、北欧やアメリカにおいては、特別予防を追求したリハビリテーション思想が挫折・衰退して以降、

予防に対する不信は強い。予防的考慮を排除することは、実証不能な事情を量刑から排除することであるから、量刑基準の明確化にとって、極めて有益な成果をもたらすことが期待できる[40]。

均衡原理においては、個々の処罰において、量刑が均衡のとれたものとなっていることが正当化の根拠となるが、均衡の概念については、処罰価値との均衡が取れていること（絶対的均衡）、他の処罰との均衡が取れていること（相対的均衡）の二つの均衡が考えられる。適用を正当化する場面においては、このうち、相対的均衡の考え方・基準が参考となるであろう[41]。

誤解しないでいただきたいのは、事実がそうだからといってそれが常に正しいといっているわけではない、ということである。事実として、これまで扱われてきたものを平等に取り扱うのは、均衡的正義の要請であり、法令の適用のレベルにおいては（たとえば量刑においてそうであるように）、その事実を適正に配分することが重要だということである。このことは、あくまで、法令の適用の場面に限定される。

Ⅵ　おわりに

裁判員制度が刑法にもたらす影響について、また、裁判員裁判と刑法の関係について、総論的に考察してきた。これまで、複雑でわかりにくいといわれてきた刑法解釈論が、市民にもわかりやすく、誰にも理解できる刑法解釈論に変化する（はずである）という意見は、一面においては正しい。裁判官は、裁判員に対し、刑法上の複雑な法律概念の「本当に意味するところ」を説明することが必要となり、その過程において、刑法解釈論における複雑な法律概念は、よりわかりやすい形で、新たな定義・新たな理解がなされてい

---

(40)　北欧の均衡原理については、松澤伸「スウェーデンにおける刑罰の正当化根拠と量刑論——いわゆる『均衡原理』の基礎——」罪と罰51巻3号（2014年）76頁以下参照。

(41)　相対的均衡は序数的均衡とも呼ばれる。絶対的均衡の基準を見出すのが困難（あるいはほぼ不可能）であるのに対し、相対的均衡は、他との比較における均衡であるため、基準を見出すことが比較的容易（あるいは可能）である。適用についてこの思考を応用することについては、ここでは、問題提起あるいはアイデアの提示にとどめ、これ以上は立ち入らない。ただ、法の適用の場面においては、事実的正当化の場面があることを意識する必要があることを指摘するにとどめる。

くであろう。しかし、それによって理論が失われるということはない。あくまで、従来の緻密な刑法解釈論は存在するが、その上で、わかりやすい刑法解釈論へと変化していく、ということである。

　現実的には、理論の水準は維持しつつ、市民にわかりやすい表現・わかりやすい解釈を示すことが重要である、ということになる。裁判員制度のもとでは、理論的には従来と同じように高度であるが、裁判員にもわかりやすい刑法解釈が求められる。そして、それを模索する中では、従来の解釈とは異なる解釈が出て来ることもありうる、ということになるであろう。

　さらに、本稿は、それに加えて、法令の適用の意味するところを明らかにし、その正当化の基準について、若干ながら検討した。そこでは、事実的な正当化について、均衡原理を参考に試論を示してみた。そこでは、刑法が現実に果たしている機能を把握する必要性があると思われるが、我が国の刑法学は比較法の能力からみて、ドイツ刑法学的な思考に限定されない柔軟な思考方法がとることが可能である。従来のような規範的な考え方だけではなく、事実的な考え方（経験主義的な考え方）をさらに意識することで、裁判員制度のもとでの刑法解釈論は、さらに豊かなものとなるように思われる。

（まつざわ・しん）

第2章
犯罪の成立を基礎づける事情について
― 故意と共謀共同正犯 ―

早稲田大学法学学術院（法学部）教授 **高 橋 則 夫**

Ⅰ　はじめに――行為が犯罪となるルール――
Ⅱ　犯罪成立の第1ステージ――構成要件該当性――
Ⅲ　「わざと」＝故意（とくに、殺意）
Ⅳ　複数の人が犯罪にかかわるとき（とくに、共謀共同正犯）
Ⅴ　おわりに

Ⅰ　はじめに――行為が犯罪となるルール――

　本講においては、一定の行為が犯罪と評価されるルールについて論じることにしたい。すなわち、犯罪の成立を基礎づける事情には、どのようなものがあるかという問題である。この問題については、わが国において、一定の段階的なルールが確立している。

　第1段階は、多様な事実の中から刑法の対象となる「行為」を特定する。「行為」とは何かについては、哲学的かつ思弁的な論争があるが、要するに、刑法的な評価の対象に相応しいものであり、それは、社会的に意味のある態度であって、行為者はその態度を自己の意思によって支配可能な態度ということができる[1]。

　第2段階は、この行為が、いかなる犯罪の型・枠に当てはまるのか、という判断を行う。このことを、後述するように、「構成要件に該当するか否か」と表現するのである。これが「原則のルール」であり、検察官は、行為の構

---

(1)　行為につき、高橋・総論［3版］74頁以下参照。

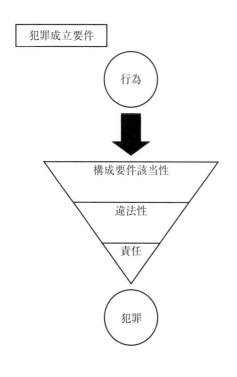

成要件該当性を肯定し、犯罪の成立を主張するわけである[2]。これに対して、例外的に、たとえば、正当防衛だとか、責任無能力だとかの主張が弁護人からなされた場合、構成要件に該当する行為について、前者であれば、違法性が阻却されるか否か、後者であれば、責任が阻却されるか否かが判断されることになる。これらが、「例外のルール」であり、前者が第3段階(違法阻却)[3]、後者が第4段階(責任阻却)を形成する[4]。

本講では、第2段階の「行為が構成要件に該当するか否か」について論じる。「構成要件に該当するか否か」の判断のためには、各犯罪の構成要件要素が充足されるか否かを判断しなければならない。後述するように、構成要件要素は、客観的構成要件要素と主観的構成要件要素に分けられ、客観的構成要件要素として、行為主体、行為客体、実行行為、結果、因果関係、行為状況などがあり、主観的構成要件要素として、故意、過失、目的などがある(もっとも、故意や過失などは客観的構成要件要素の面もあるが、この点は立ち入らない)。

この中で、裁判員裁判においてとくに問題となるのが、わざと行ったのかという故意の問題と、複数の犯罪関与者をいかに処理するかという共謀共同正犯の問題であることから、本講は、故意と共謀共同正犯という2つの問題を取り上げて論じることにしたい。

---

(2) 構成要件該当性につき、高橋・総論[3版]87頁以下参照。
(3) 違法阻却につき、高橋・総論[3版]257頁以下参照。
(4) 責任阻却につき、高橋・総論[3版]348頁以下参照。

Ⅱ　犯罪成立の第1ステージ──構成要件該当性──

　第2段階の構成要件該当性が、犯罪成立の第1ステージであり、まずは、「構成要件該当性」という概念について、若干の指摘をしておきたい。

1　「構成要件」とは何か

　構成要件とは、個々の犯罪を類型化し、その類型を構成する諸要素を規定したものであり、たとえば、「人を殺した」（刑法199条）、「他人の財物を窃取した」（同法235条）というのがこれである[5]。もっとも、構成要件は、刑法各本条に規定されている刑罰法規とは異なり、それらの刑罰法規を解釈することによって得られた一定の枠であり、抽象的・一般的に類型化した観念像である。まさに、「条文は目に見えるが、構成要件は目に見えない」わけである。たとえば、窃盗罪における「窃取」を、「占有者の意思に反する占有の移転」と解釈することによって、「占有移転行為」が窃盗罪の構成要件的行為を形づくり、殺人罪における「人」について、人の始期を「一部露出」、人の終期を「心臓死あるいは脳死」と解釈することによって、その範囲の者が殺人罪の「行為客体」となり、構成要件的結果の対象を形づくるのである。

　構成要件は、それぞれの犯罪に特徴的な要素を拾い出して犯罪の類型を示したものであるから、構成要件に該当する行為は一応それが犯罪であると推定されるという実際的な機能を有している。もっとも、この類型は、犯罪論上どのような類型なのかについては複雑な争いがあるが、ここでは、そこに立ち入らず、違法な行為（さらには、有責な行為）を類型化したものと考えておけば足りる。ある行為が構成要件に当てはまることを、「構成要件該当性」といい、構成要件に該当した犯罪事実を、「構成要件該当事実」という。たとえば、殺人罪においては、「人を殺すこと」が構成要件であり、甲がXを射殺したという現実の行為が「人を殺すこと」という構成要件に当てはまるとき、殺人罪の構成要件該当性が認められ、甲がXを射殺したという事実

（5）　構成要件につき、高橋・総論［3版］88頁以下参照。

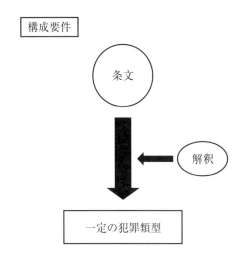

は構成要件該当事実となる。

　要するに、多様な事実の中から、「行為」を選択し、次にその行為に対して「構成要件該当性」の判断を行うことになる。その行為が一定の構成要件に該当すれば、行為は、「構成要件に該当する行為」、すなわち、「実行行為」と称されることになる[6]。

2　構成要件要素──客観的要素と主観的要素──

　一定の行為が構成要件に該当するためには、構成要件要素を充足する必要がある[7]。前述のように、構成要件要素には、客観的構成要件要素と主観的構成要件要素とがある。客観的構成要件要素には、行為主体、行為客体、行為状況、行為条件などがあるが、重要なのは、実行行為、結果、そして、両者間の因果関係である。他方、主観的構成要件要素には、故意、過失、その他、目的などがある。たとえば、殺人罪においては、客観的構成要件要素としては、実行行為（保護法益である生命に対する具体的危険な行為）、結果（既遂の場合は死亡結果）、そして、両者の因果関係であり、主観的構成要件要素としては、殺人の故意（殺意）ということになる。以上の構成要件要素は、刑法各則の条文を出発点として、条文を解釈して産出されることになる。

　刑法各則の条文は、単独犯・既遂犯を規定している。たとえば、殺人罪においては、一人の行為者が殺人の実行行為を遂行し、その結果、被害者が死亡した場合を規定しているわけである。死亡しなかった場合や、実行行為と死亡結果の間に因果関係がない場合には、未遂犯（刑法43条本文）にとどま

（6）　実行行為につき、高橋・総論［3版］193頁以下参照。
（7）　構成要件要素につき、高橋・総論［3版］93頁以下参照。

る。また、複数の関与者によって犯罪が実現された場合には、刑法60条以下の規定によって、共同正犯（60条）、教唆犯（61条）、幇助犯（62条）となりうる。このうち、わが国の実務では、複数関与者の約98％が共同正犯である。それは、どうしてかというと、背後の黒幕を処罰しうる法形態として、「共謀共同正犯」というものが認められているからである。

Ⅲ　「わざと」＝故意（とくに、殺意）

1　はじめに

刑法各則に規定されている各構成要件は、たとえば、「故意に」とか規定されておらず、殺人罪（刑法199条）は「人を殺した」、器物損壊罪（刑法261条）は「他人の物を損壊し」とだけ規定されている。しかし、これらは、故意犯であり、故意がなければ、前者の場合、（過失があれば）過失致死となり、後者の場合、（過失があっても）犯罪は成立しない。それは、刑法38条1項（「罪を犯す意思がない行為は、罰しない。ただし、法律に特別の規定がある場合は、この限りではない。」）によって、「故意犯原則、過失犯例外」という決まりになっているからである[8]。

2　故意の内容

故意とは何かが問題である。学説は多岐に分かれているが、後述するように、判例実務上一般には、故意とは、「犯罪事実（構成要件に該当する事実）の認識・認容」と解されている。この故意の定義においては、認識という認識的要素と認容という意思的要素とに分かれる。「認識」は、たとえば、殺人罪においては、「人」を「殺す」ことの認識がこれである。「認容」は、たとえば、殺人罪においては、「人が死んでもかまわない。」などの心理状態である。

⑴　認　　識

まず、「認識」については[9]、故意は構成要件に該当する「事実」そのも

---

(8)　この点につき、高橋・総論［3版］170頁以下参照。
(9)　構成要件該当事実の「認識」につき、高橋・総論［3版］174頁以下参照。

のの認識を意味するから、その事実が構成要件に該当すること、刑法の条文に記述されていること、法律によって禁止されていることなどは、すべて認識する必要はない。これらについて認識しなかった場合は、いずれも違法性の錯誤であり、構成要件的（あるいは責任）故意を阻却する事実の錯誤ではなく、故意の成否とは関係ない。すなわち、違法性の錯誤は、行為規範それ自体に関する錯誤であり、事実の錯誤は、行為規範の対象である事実の側に関する錯誤である。

　問題は、事実についてどの程度まで認識する必要があるかであり、とくに、規範的構成要件要素に関して問題となる。たとえば、わいせつ物頒布等罪（刑法175条）における「わいせつ」の認識について、いかなる事実を認識していれば、故意が認められるかが問題となる。事実認識は次のように段階づけることができよう。第1に、物体の認識であり、その文書に記載されている文章の存在を認識することである。第2に、その文書のもつ言語学的ないし文学的意味を認識することである（最大判昭和32・3・13刑集11巻3号997頁［チヤタレー事件］は、「問題となる記載の存在の認識」があれば故意が認められるとした。また、東京地判平成16・1・13判夕1150号291頁は、当該図書の描写の内容とこれを頒布することについて認識があれば故意が認められるとした。）。たとえば、英文のわいせつ本について、英語を読めることが必要である。第3に、その文書のもつ社会的意味を認識することである。たとえば、その小説が一般的に「いやらしい」ものであるとか「エロ本」であるとかの社会的意味の認識が必要であり、これを「意味の認識」という。第4に、その文書が刑法175条の「わいせつ」に当たることの認識である。

　このうち、構成要件的故意が認められるためには、第3の「意味の認識」までが必要である。なぜなら、そこまでの認識があってはじめて、「そのような行為をするな」という行為規範の問題に直面することができるからである。第4は「わいせつ性」自体の認識であり、これは違法性の意識の問題である。

　したがって、意味の認識があるか否かが、故意の成立を限界づけることになる。意味の認識とは、たとえば、わいせつ物頒布等罪において、法的評価である「わいせつ」と平行的に存在する社会的評価である「いやらしい」こ

との認識である（素人仲間の平行的評価）。意味の認識がなかった場合には、事実の錯誤となり、意味の認識があるが違法性の意識がなかった場合には、違法性の錯誤となる。

　最（二小）決平成2・2・9裁判集刑254号99頁、判時1341号157頁は、アメリカ国籍の被告人が、台湾においてAに脅されて荷物を日本に運ぶことを承諾し、Aから化粧品だと聞かされて覚せい剤約3キロを隠匿して本邦内に持ち込み、都内のホテルで覚せい剤を約2キロを所持したが、覚せい剤であることの認識がなかった事案につき、「被告人は、本件物件を密輸入して所持した際、覚せい剤を含む身体に有害で違法な薬物類であるとの認識があったというのであるから、覚せい剤かもしれないし、その他の身体に有害で違法な薬物かもしれないとの認識はあったことに帰することになる。」として、覚せい剤輸入罪、同所持罪の故意を肯定した。本件は、「覚せい剤かもしれないし、その他の薬物かもしれない」という択一的故意あるいは概括的故意の存在を認めることができる事案であったが、「覚せい剤かもしれない」という認識がなかった場合にどのような事実を認識していれば故意を肯定できるかが問題となろう。「覚せい剤」の平行評価を確定する必要があり、それは、単に「白い粉」では足りず、「覚せい剤」という物質の属性の認識でなければならず、本件のように「覚せい剤を含む身体に有害で違法な薬物類」であることの認識があれば、意味の認識があるといえよう。「覚せい剤」を除外している場合には故意は認められない。

(2) 認　　容

　次に、「認容」の問題については[10]、たとえば、「群衆の中を乗用車で通り抜けようとしたが、人に当たってしまい、死亡させた。」という事例において、「人にぶつかるかもしれないが、大丈夫だろう。」と思っていた場合には、故意（殺意）はなく、過失があれば、過失犯が成立するが（自動車運転死傷行為等処罰法5条［過失運転致死罪］）、「人にぶつかるかもしれないが、それでもかまわない。」と思っていた場合には、故意（殺意）が肯定され、殺人罪が成立する可能性がある。講学上、前者を「認識ある過失」、後者を「未

---

(10)　構成要件該当事実の「認容」につき、高橋・総論［3版］177頁以下参照。

故意と過失			

確定的故意	不確定的故意 ―未必の故意―	認識ある過失	認識なき過失

必の故意」と称している。

　「未必の故意」と「認識ある過失」の区別については、学説上、多様な見解が披瀝されているが、実は、具体的事例の結論において、これらの多様な学説の対立はほとんど差異がない状況であり、判例実務上は、故意の認定という形で、実践的な判断基準が展開されている。

　判例の基本的立場は、認容説であると一般に理解されているが、特定の規範的枠組みを前提としているわけではなく、故意の認識的要素と意思的要素の相関関係という枠組みを用いているという理解が適切であろう。すなわち、実行行為（およびその結果）の危険性が高い場合には、それを認識していることだけで故意は肯定され、実行行為（およびその結果）の危険性が低い場合には、犯行動機などの様々な要素の総合判断を故意の内容に取り込み、「認識・認容」という形で表現していると解される。たとえば、最（三小）判昭和23・3・16刑集2巻3号227頁は、被告人がXから衣類を買い受けたが、その際、近頃衣類の盗難が各地で起こっているなどの事情からXが盗んだ衣類を売りに来たものではないかとの疑いを抱いていた事案につき、次のように判示した。すなわち、「贓物故買罪は贓物であることを知りながらこれを買受けることによって成立するものであるがその故意が成立する為めには必ずしも買受くべき物が贓物であることを確定的に知って居ることを必要としない或は贓物であるかも知れないと思いながらしかも敢てこれを買受ける意思（いわゆる未必の故意）があれば足りるものと解すべきである故にたとえ買受人が売渡人から贓物であることを明に告げられた事実が無くても筍くも買受物品の性質、数量、売渡人の属性、態度等諸般の事情から『或は贓物ではないか』との疑を持ちながらこれを買受けた事実が認められれば贓物

故買罪が成立するものと見て差支ない」として、未必の故意を認定するのは相当であるとした。本判決において、認識面は可能性レベルで足り、それを前提に「あえて買い受ける意思」があれば、未必の故意が肯定されており、「あえて」は認容を意味すると解されている。

3　いわゆる「殺意の6要素」

殺意については、判例実務上、以下のような6つの要素から認定されている。すなわち、①創傷の部位（とその認識）、②創傷の程度（とその認識）、③凶器の種類・性状（とその認識）、④凶器の用法（客観的行為態様）、⑤動機の有無、犯行前の事情（動機形成原因の有無を示す事情）、⑥犯行後の言動がこれである[11]。

これらの客観的な情況証拠（とその認識）がある場合に殺意が肯定されるのであり、被告人が殺意を認めている場合に殺意があるというものではない。この意味で、故意とは、行為者の内心の意識そのものではなく、行為者の一定の行為に対して外から評価されるものである。したがって、故意とは法的評価であるといわねばならない。

なお、殺意が否定された場合には、傷害致死罪（刑法205条）、（保護責任者）遺棄致死罪（同法219条）、（重）過失致死罪（同法210条）などの成立可能性がある。

4　判例の立場

判例は、前述のように、一般的には、認容説を前提としていると解することができる。たとえば、いわゆる「スワット事件」（最（一小）決平成15・5・1刑集57巻5号507頁）において、「スワットらが自発的に被告人を警護するために本件けん銃等を所持していることを確定的に認識しながら、それを

---

(11)　殺意につき、大阪刑事実務研究会「殺意（上）、（下）」判タ1362号（2012年）49頁以下、1364号（2012年）42頁以下、遠藤邦彦「殺意の概念と証拠構造に関する覚書」植村退官(2)199頁以下参照。さらに、半田靖史「故意の認定——故意概念と法的評価の観点から——」木谷明編著『刑事事実認定の基本問題［第3版］』（2015年、成文堂）35頁以下参照。

当然のこととして受け入れて認容していた」と判示した。しかし，判例（裁判例）の中で，「認識はあるが、認容はない」というように判示したのはきわめてわずかであり，多くは，「……認識し、あえて実行した」というように判示されている。

　結局，判例は，具体的事案に応じて、認識的要素と意思的要素を考慮して総合判断を行っていると解することができる。以下では、「刃物による殺人」を例にして、いくつかの裁判例を紹介したい[12]。

　まず、確定的故意を認定したものとして、たとえば、函館地判平成13・11・6 LEX/DB28075329がある。本判決は、不仲となっていた隣室の住人である被害者に対し、漠然とした殺意を抱いていた被告人が、隣室前の廊下を通る際に被害者が咳払いをしたことで嫌がらせをされたと思いこみ、次第に殺意を固め、アイスピックで被害者の胸部などを十数か所刺したが、殺害の目的を遂げなかった事案につき、被告人の犯行態様、犯行前後の行動などを根拠に、確定的故意（殺意）を肯定した。

　次に、未必の故意（未必的殺意）を認定したものとして、たとえば、福岡高判平成13・6・14判タ1134号313頁がある。本判決は、被告人が犯行当日の午前中、被告人とかねてからの顔見知りである中学生の被害者やその友人Aらから何かおごるようにとたかられたため、その夜、被害者の友人Aと中学校教諭が立ち話しているのを見つけ、被告人はAに対したかったことについて言いがかりをつけ、これを否定したAの右頬を左手拳で一回殴り文句を言った。すると、Aの友人である被害者やその先輩ら多数名が集まりAに加勢したため紛糾する様相を見せたが、その場は中学校教諭の機転により収まった。ところが、Aは被告人から殴られた怒りを我慢できず、その友人1名と共に被害者宅のアパート近くへ先回りし、被告人に対して先刻殴ったことを問いつめ、被告人の腹部を3回殴り、その後、被害者及びその友人2名が加勢し、Aが被告人が背にしていたコンビニの壁を1回叩き、被害者も被告人を追及しながら1、2回壁を蹴ったことから、被告人はかねてからポケットの中に携帯していたカッターナイフで被害者の左頸部付

---

(12)　『司法研究・難解な法律概念』80頁以下の資料1-4参照。

近を目がけて切り付け被害者に加療約10日を要する傷害を負わせたという事案につき、原判決が殺意を否定したのに対して、未必の殺意の存在を認めた。

最後に、殺意なしと認定し、傷害致死罪の成立を認めたものとして、横浜地判平成10・4・16判タ985号300頁がある。本判決は、娘の無断外泊を巡って父娘間で口論となり、娘の態度に憤激の余り、父親である被告人が娘に対し背後から出刃包丁を投げつけたところ、後頭部に出刃包丁が命中し、小脳刺創などにより死亡させたという事案につき、父親である被告人が娘に対し背後から出刃包丁を投げつける行為は、一般的に死亡の結果を生じさせる危険性が高くないこと、日頃可愛がっている娘に殺意を抱くには動機が薄弱であること、行為直前の「殺してやる」との被告人の発言も、日頃の言動に照らすと単なる強がりであって殺意の表れとは言いがたいこと、その他犯行後の行動などを考慮すると、被告人に殺人の故意は認めがたいと判示した。

5　裁判員裁判における殺意の捉え方

それでは、裁判員裁判において、殺意をどのように捉え、裁判員にどのように説明しているか、この点については、『司法研究・難解な法律概念』が参考になる。そこでは、死亡の結果発生の蓋然性（高い可能性）がある場合に、これを認識しながら行為した場合には殺意が肯定されるとして、裁判員に対する説明の場面では、「基本的な説明としては、『人が死ぬ危険性（可能性）が高い行為をそのような行為であると分かって行った以上殺意が認められる。』と説明することが考えられる。」という「提言」がなされている[13]。

たとえば、激情犯による突発的な殺人の事案においては、①客観的な行為態様の危険性、②行為時における危険性の認識という判断順序で殺意が認定されることになり、また、動機、犯行に至る経緯、犯行後の行動などの要素は、行為の危険性が微妙な場合や行為態様に争いがある場合などにおいて考慮されることになる[14]。

---

(13)　『司法研究・難解な法律概念』11頁以下参照。
(14)　『司法研究・難解な法律概念』17頁以下参照。

結局、故意の存否は、具体的事案ごとに個別に判断されなければならず、犯行態様ごとに重点の置き所が異なってこざるをえない。すなわち、たとえば、殺人の態様として、刺殺、射殺、絞殺、自動車を利用した殺害行為（被害者に対し自車を衝突・接触させる行為、つかまっている被害者を他車等に接触させる行為、つかまっている被害者を振り落とす行為、交通事故の被害者をそのまま轢過または引きずる行為）、撲殺、毒殺、水中への突き落としなどにおいて[15]、前述した「殺意の6要素」の具体的判断が行われることになる。

6 課　　題

以上、裁判員裁判における「故意」の問題を検討してきたが、最後に、研究者の立場から、これからの課題について若干言及することにしたい。

まず、故意概念の分析がますます必要となり、故意の基礎理論をさらに解明しなければならないだろう。前述のように、判例は、認識的要素と意思的要素とを総合して、故意を認定しているが、認識と意思の相関関係については必ずしも明らかではない。とくに、「未必の故意」については、それが過失犯（認識ある過失）との限界を画するだけに、その内実はどのようなものか、それが具体的事案においてどのように認定されているかの分析がさらに行われなければならない。また、行為の危険性（客観）と故意（主観）との連関の問題も解明される必要があろう。

次に、故意の認定においてとくに困難な問題となるのは、不作為犯における故意、薬物犯罪における故意、危険運転致死傷罪における故意などである。これらの犯罪類型における故意の内実について、各犯罪類型の構造との関連で検討する必要があろう。

Ⅳ　複数の人が犯罪にかかわるとき（とくに、共謀共同正犯）

1　共同正犯・教唆犯・従犯（幇助犯）

わが刑法典は、複数の犯罪関与者を、共同正犯（刑法60条）、教唆犯（同法61条）、幇助犯（同法62条）と3つに区別する体系を採用している。これを

---

(15)　『司法研究・難解な法律概念』72頁以下の資料1-2参照。

共犯の全体像

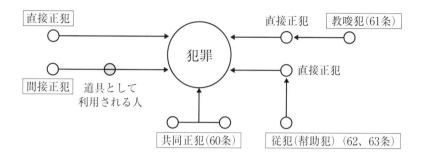

「共犯体系」と称し、イタリア刑法典などのように、犯罪関与者をすべて正犯として、量刑の段階で区別する「統一的正犯体系」とは異なっている[16]。もっとも、3類型のうち、幇助犯だけが、必ず減軽される類型であり（刑法63条）、実質的には、幇助犯とそれ以外と区別という問題が実益を有する。しかし、わが国では、従来から、中国における「主犯」概念と同様、犯罪の中心人物を正犯とする傾向が強く、犯罪関与者の約98％が「共同正犯」とされている。さらに、こうした現象は、わが国の判例実務で発展されてきた「共謀共同正犯」の存在に起因している。すなわち、刑法60条は、「二人以上共同して犯罪を実行した者は、すべて正犯とする。」と規定しており、ここでいう「実行」とは、各関与者がそれ自体の行為で未遂犯が成立するような「実行」を意味するのではなく、より実質的な「実行」を意味し、たとえば、暴力団犯罪において、場合により、犯罪を直接実行した組員のみならず、それを命じた組長も、（共謀）共同正犯として認められうるのである。

　かつて学説の多くは、このような共謀共同正犯というものの存在を否定していたが、判例は、古くからこれを肯定し、近時では、学説上も肯定説が圧倒的に多数となった。

---

(16) 統一的正犯体系と共犯体系の対置については、高橋則夫『共犯体系と共犯理論』（1968年、成文堂）25頁以下参照。

2 共謀共同正犯

(1) 判例の展開

共謀共同正犯の概念を創設しこれを認めたとされる判例は、大審院明治29年判決であり、恐喝の事案につき、「共に謀りて事を行う以上は何人が局に当たるも其行為は共謀者一体の行為に外ならず」（大判明治29・3・3刑録2輯3巻10頁）と判示した。そして、共謀共同正犯の成立範囲につき一定の基準を示したのが、リーディングケースである「練馬事件」（最大判昭和33・5・28刑集12巻8号1718頁）である。本判決は、練馬区所在の某製紙会社で発生した労働争議に際し、被告人ＸおよびＹは、第1組合と第2組合とが反目対立し、第1組合員の間で、第2組合の委員長Ａおよび紛争の処理にあたった練馬警察署巡査Ｂに対する反感が高まったのを利用し、Ａに暴行を加えて第2組合の動きを抑圧するとともに、権力闘争の一環としてＢにも暴行を加えることを計画し、ＸとＹは、相謀り、具体的な実行の指導ないし連絡についてはＹがその任にあたることを決め、Ｙの連絡・指導に基づき、被告人Ｚほか数名が現場に赴いて、Ｂを詐って路上に誘い、鉄管や丸棒で後頭部などを乱打し、まもなくＢを脳挫傷により、現場で死亡させたという事案につき、「共謀共同正犯が成立するには、二人以上の者が、特定の犯罪を行うため、共同意思の下に一体となって互いに他人の行為を利用し、各自の意思を実行に移すことを内容とする謀議をなし、よって犯罪を実行した事実が認められなければならない。したがって右のような関係において共謀に参加した事実が認められる以上、直接実行行為に関与しない者でも、他人の行為をいわば自己の手段として犯罪を行ったという意味において、その間刑責の成立に差異を生ずると解すべき理由はない。さればこの関係において実行行為に直接関与したかどうか、その分担または役割のいかんは右共犯の刑責じたいの成立を左右するものではないと解するを相当とする。」と判示した。さらに、本判決は、「共謀」または「謀議」は、共謀共同正犯における「罪となるべき事実」であるから、これを認めるためには厳格な証明によらなければならないとも判示した。

「練馬事件」判決以降の判例は、基本的にこの理論構成に従う方向で展開しているが、本判決が、共謀を、客観的謀議行為と解しているのか、共同遂

行の合意と解しているのかは必ずしも明らかではなかった。その後、「大麻密輸入事件」（最（一小）決昭和57・7・16刑集36巻6号695頁）は、被告人が、タイ国からの大麻密輸入を計画した甲からその実行担当者になって欲しいと頼まれ、大麻を入手したい欲求にかられ、執行猶予中の身であることを理由にこれを断ったものの、知人の乙に事情を明かして協力を求め、自己の身代りとして乙を甲に引き合わせ、かつ、密輸入した大麻の一部をもらい受ける約束のもとに、その資金の一部を甲に提供した事案につき、被告人に対して、甲および乙らと大麻密輸入の謀議を遂げたものと認めるべきと判示した。本決定については、具体的事例にあらわれた諸要素を考慮して、「自己の犯罪」か「他人の犯罪」かという点が基準となっているという見方がなされている。

　近時は、「練馬事件」の判断枠組みを拡大する判例が登場していることに注意しなければならない。すなわち、前掲「スワット事件」は、暴力団組長である被告人がスワットと称される自己のボディーガードらのけん銃等の所持につき直接指示を下さなくても共謀共同正犯の罪責を負うとした事案につき、「被告人は，スワットらに対してけん銃等を携行して警護するように直接指示を下さなくても，スワットらが自発的に被告人を警護するために本件けん銃等を所持していることを確定的に認識しながら，それを当然のこととして受け入れて認容していたものであり，……被告人とスワットらとの間にけん銃等の所持につき黙示的に意思の連絡があったといえる。そして，スワットらは被告人の警護のために本件けん銃等を所持しながら終始被告人の近辺にいて被告人と行動を共にしていたものであり，彼らを指揮命令する権限を有する被告人の地位と彼らによって警護を受けるという被告人の立場を併せ考えれば，実質的には，正に被告人がスワットらに本件けん銃等を所持させていたと評し得るのである。したがって，被告人には本件けん銃等の所持について，A，B，C及びDらスワット5名との間に共謀共同正犯が成立するとした第1審判決を維持した原判決の判断は，正当である。」と判示した。

　この「スワット事件」において、謀議に参加していない者にも共謀共同正犯が肯定され、これによって、共謀とは主観的謀議の意味であることが確認

された[17]。

(2) 判例による共謀共同正犯の成立要件

共謀共同正犯の成立要件については、大きく2つの枠組みが存在する。すなわち、「練馬事件」において示されたような「共謀（正犯性・正犯意思）＋一部の者の実行」という枠組みと、正犯性を独立させて、「共謀 ＋ 正犯性（正犯意思）＋ 一部の者の実行」という枠組みがこれである。前者は、裁判官型の理解、後者は、検察官型の理解と位置づけることができよう。どちらも、実際の帰結において異なることはないが、正犯性の中に、たとえば、行為時の事前的な事実のみならず、最終的に獲得した利益の大小などの事後的な事実をも包含することができることから、後者の枠組みの方が実践的であろう[18]。

3 裁判員裁判における共謀共同正犯の捉え方

前述した『司法研究・難解な法律概念』では、以上のような判例の考え方を基礎に次のような提言を行っている。すなわち、判例は、共謀を犯罪の共同遂行の合意として捉え、さらに、共謀と不可分一体の要件として「自己の犯罪を行う意思（正犯意思）」の存否を考慮しているとして、共謀の有無が争点となる場合は、「犯罪を共同して行う意思を通じ合っていたということができるかどうか」を判断対象とするというのがこれである[19]。

共謀共同正犯の成否を判断する際の重視されるべき要素としては、①明示・黙示の意思の連絡の存在、その意思疎通の状況・程度、②被告人と実行行為者との関係（組織関係、上下関係、勧誘・被勧誘の別）、③実行行為以外の

---

(17) 以上の判例の展開につき、高橋・総論［3版］446頁以下参照。

(18) この点につき、高橋・総論［3版］451頁以下参照。

(19) 『司法研究・難解な法律概念』56頁以下参照。さらに、杉田宗久＝平城文啓＝仁藤佳海「共犯(1)――共謀共同正犯の成立要件（上）、（下）」判タ1355号75頁、1356号（2011年）50頁以下、畑山靖＝渡部市郎＝今井輝幸「共犯(2)――裁判員に対する共犯概念の説明の在り方に関する具体的・実践的研究（上）、（下）」判タ1357号46頁以下、1358号（2011年）56頁以下、坪井祐子＝増田啓祐＝杉原崇夫「共犯(3)の1、(3)の2、(3)の3――共犯をめぐる周辺的問題についての裁判員に対する説明の在り方」判タ1387号69頁以下、1388号40頁以下、1389号（2013年）67頁以下参照。

Ⅳ　複数の人が犯罪にかかわるとき（とくに、共謀共同正犯）　　45

被告人の具体的役割（犯行過程の一部分担、激励・待機・見張り、方法教示・道具
貸与・資金提供、犯行隠蔽、実行行為者からの事後報告・実行行為後の行為への参
加）④犯行動機（利得の有無・額・割合、法益侵害そのものへの積極性、実行行為
者への義理立て）などがこれである[20]。

　そして、共同正犯と従犯の区別については、「自己の犯罪を犯したといえ
る程度に、その遂行に重要な役割を果たしたかどうか」が判断対象とされて
いる[21]。たとえば、長崎地佐世保支判昭和60・11・6判タ623号212頁は、金
塊などの密輸出を手伝っていた者からその話を聞いたＡらは、密輸出の対
価として多額の現金が授受されているのに目をつけ、密輸出の手伝を装って
当該現金を強取しようと計画し、漁師である被告人に強取計画を話して漁船
の貸与方を要請し、同人らに恩義を受けていた被告人はやむなくこれを承諾
して、犯行当日、Ａらが待伏せのためなどに使う漁船を本件強盗致傷の犯
行場所付近まで回航させるなどした事案につき、強盗致傷の共謀共同正犯で
はなく幇助犯の成立を認めた。本件では、等価的分担関係と実質的支配利用
関係の不存在が幇助犯を肯定した理由とされている。また、東京高判平成
25・5・28判タ1418号165頁は、強盗殺人の実行犯3名に対して、実行の際
の睡眠薬利用を提案し、それを提供し、殺人実行後の死体遺棄についてあら
かじめ高額の報酬を約束の上、準備・関与した者につき、強盗殺人の共同正
犯か幇助犯かが争点となり、1審が共同正犯（睡眠薬の提供という重要な役
割、報酬が強取金から支払われることを知りつつ関与、強盗殺人の実現に強い関心が
あった）を認めたのに対して、幇助犯（遺体の運搬保管を依頼されただけ、報酬
もこれに対するもの、犯行計画等につき詳しく知らず、強盗殺人の実現に強い関心は
なかった）の成立を認めた。

4　課　　題

　共謀共同正犯の問題は、それが単なる量刑事由ではなく、共同正犯の成立
要件それ自体の問題である。そのためには、共同正犯の法効果である「一部

---

(20)　『司法研究・難解な法律概念』58頁以下参照。
(21)　『司法研究・難解な法律概念』57頁以下参照。

実行全部責任」の処罰根拠、すなわち、なぜ一部しか関与していないのに全体について責任を負うのかという問題を解明しなければならない。私見によれば、共同正犯の法効果である「一部実行全部責任」の根拠は、各人の違法行為が相互的に帰属されるがゆえに、全体の結果に対して責任を負うのであり、この相互的帰属は「共謀」に基づくのである。共謀によって、これから行う行為の意味、その行為によって生じうる結果の予期があるからこそ、その行為全体における自己の地位・役割が確認できるのである。このような意味における「共謀」の形成が肯定されなければ、共謀共同正犯の成立が認められないのである。したがって、共謀とは、「共同犯行の意識形成」と捉えるべきである[22]。

　さらに、「正犯性」の意味内容や、故意と共謀との連関など解明しなければならない問題がある。とりわけ、近時の「振り込め詐欺」などの「特殊詐欺」事案においては、複雑な共犯現象が生じているだけに、重要な課題といえよう。

V　おわりに

　裁判員裁判においては、裁判員の任務は「法令の適用」であり、「法令の解釈」は裁判官がこれを行う。このような任務分担を、刑法学における理論と実務の関係として構想し直せば、次のようなプロセスを辿ることになろう。すなわち、「理論 → 規範的枠組 → 規範的下位基準 ⇒ 事実分析基準 → 事実 → 事実評価（マイナス事実とプラス事実）→ 結論」というプロセスがこれである。

　さらにいえば、マクロ的視点（本質論）とミクロ的視点（個々の要件論）を相互にフィードバックし、前者の抽象性は後者において個別化され、後者の具体性は前者において一般化される。これは、結局、事案の類型化とその統合としての判断基準がつねに連関して具体的な事案の解決へと向かうことに他ならず、まさに裁判員裁判において、実践されなければならないだろう。

（たかはし・のりお）

---

(22)　以上につき、高橋・総論［3版］450頁以下参照。

第3章
犯罪の成立を阻却する事情について

東京大学大学院法学政治学研究科教授　橋　爪　　隆

Ⅰ　は じ め に
Ⅱ　裁判員裁判と刑法理論
Ⅲ　正 当 防 衛
Ⅳ　責 任 能 力

Ⅰ　は じ め に

　構成要件に該当する行為は、通常、犯罪として処罰されうる行為である。しかしながら、違法性や責任を例外的に阻却する事情（違法性阻却事由・責任阻却事由）に該当する場合には、犯罪の成立が否定される。たとえば故意に人を殺害する行為は、殺人罪（刑法199条）の構成要件に該当する行為であるから、原則として違法・有責な行為と評価されるが、その行為が正当防衛（同36条）の要件を充たす場合には、違法性が阻却され、犯罪を構成しないことになる。また、重度の精神障害に基づいて心神喪失（同39条1項）と評価される場合は、責任が阻却されることによって行為者は不可罰とされる。このように違法性を阻却する事情（違法性阻却事由）、責任を阻却する事情（責任阻却事由）の解釈は、処罰の限界を画する上できわめて重要である。

　もっとも、これらの犯罪の成立を阻却する事情の解釈は、条文の内容が簡潔である反面、複雑な議論が蓄積されており、法学部・法科大学院等の刑法の学修においても理解が困難なところである。したがって、その内容を法律の専門家ではない裁判員に対してどのように説明し、その理解を得ることができるかは、裁判員裁判において重要な課題である。本稿においては、とり

わけ実務上重要な問題である正当防衛と責任能力をめぐる問題について、最近の判例の展開を視野に入れつつ、若干の検討を試みることにしたい[1]。

II　裁判員裁判と刑法理論

1　裁判員裁判における裁判員の役割

　検討の前提として、裁判員裁判と刑法の関係について、簡単に確認しておくことにしたい。裁判員裁判は原則として、職業裁判官3名と裁判員6名によって合議体を形成し、刑事裁判を行うものである（裁判員法2条2項）。対象事件は全ての刑事事件ではなく、一定の重大事件に限られている。具体的には、殺人罪、現住建造物等放火罪、強盗殺人罪、強制性交等致死罪、営利目的覚せい剤製造罪など「死刑又は無期の懲役若しくは禁錮に当たる罪に係る事件」、いわゆる法定合議事件（裁判所法26条2項2号）のうち、故意の犯罪行為によって被害者を死亡させた罪（傷害致死罪、逮捕監禁致死罪、保護責任者遺棄致死罪、危険運転致死罪などの罪）に限られている（裁判員法2条1項）。

　裁判員裁判における判断については、①法令解釈に係る判断、②訴訟手続に関する判断などは、構成裁判官の合議によるが、③事実認定、④法令適用、⑤刑の量定については、裁判官・裁判員の合議によることとされている（同6条1項）。

　事実認定、法令解釈、法令適用の判断は、現実には連続的に行われる作業であるが、正当防衛の成否が問題となる事件について単純化すれば、以下のようなイメージになると思われる。たとえば殺人事件において、被告人から「被害者が自分を殺害しようとしたので、やむを得ずに被害者を殺害した」旨の主張がなされた場合、まず、被害者がどのような侵害行為に出たのか、被害者が侵害行為に出た経緯はどのようなものだったのか、被告人がどのような状況で殺害行為に及んだのかなどの事実が確定される（③事実認定）。そして、正当防衛が成立するためには、いかなる状況で、また、いかなる行為が行われる必要があるのかについての判断が示された上で（①法令解釈）、こ

（1）　裁判員裁判と刑法理論をめぐる問題について、筆者自身が既に検討を加えたものとして、橋爪隆「裁判員制度のもとにおける刑法理論」曹時68巻5号（2008年）1頁以下、同「裁判員裁判と刑法」新刑訴争点214頁以下などを参照。

れを前提とした場合、被告人の行為が正当防衛に該当するのか否か、すなわち刑法36条1項を適用するべきか否かが判断される（④法令適用）。そして、かりに正当防衛が成立せず、被告人に殺人罪を適用すべきという結論になった場合、具体的にいかなる刑罰を課すべきかについて判断がなされる（⑤刑の量定）。

　このように事実認定／法令解釈／法令適用のレベルは、それぞれ区別して理解することが可能である。したがって、法令解釈はもっぱら構成裁判官の判断によって行われるが、事実認定および法令適用は構成裁判官と裁判員の合議によって判断するという「分業」が可能になるのである。もっとも、上記の設例からも明らかなように、事実認定／法令解釈／法令適用の判断はそれぞれが密接に関連している。たとえば正当防衛に関する事実認定をする際には、当然ながら、正当防衛に関する法令解釈が前提とならざるを得ない。すなわち、正当防衛の成否にとって重要な事実については、具体的な事実関係を詳細に認定することが必要になるが、正当防衛の成否に直接関係しない事実（たとえば被告人の動機など）については、完全に解明できなくても、それほど問題はないだろう。法令解釈の理解によって、事実認定の作業のウエイトも自ずから異なってくるといえる。法令解釈と法令適用の関係も同様である。たとえば「防衛行為として相当な手段であれば正当防衛が成立する」という法令解釈が示されても、これを前提として正当防衛の成否が明確に判断できるわけではない。具体的な事実関係を前提としつつ、「相当な手段」とはどのような手段なのかを具体的に検討しつつ、本件の殺害行為がそれに該当するか否かを検討することが必要であり、法令解釈と法定適用は、両者を行ったり来たりしながら、具体的な結論を導く過程ということもできる。このように事実認定／法令解釈／法令適用が密接に関係し合うからこそ、裁判員が事実認定・法令適用の作業を安定的に分担するためには、裁判員が法令解釈の内容について、基本的な理解を共有することが必要とされるのである。裁判員法66条5項が「裁判長は……評議において、裁判員に対して必要な法令に関する説明を丁寧に行うとともに、評議を裁判員に分かりやすいものとなるように整理し、裁判員が発言する機会を十分に設けるなど、裁判員がその職責を十分に果たすことができるように配慮しなければならない」と

規定するのも、まさにこのような趣旨に基づくものと解される。

2　裁判員裁判における法令解釈の在り方

このように裁判員裁判において、裁判員が適切な判断を下すためには、裁判員が法令解釈の帰結について正確な理解を有することが重要な前提となる。とはいえ、裁判員の多くは一般市民であり、法律学の専門家ではない。一般の教科書やコンメンタールで示されている刑法解釈の帰結をそのまま伝えたとしても、それを正確に理解することはきわめて困難であろう。かといって、従来の刑法解釈をまったく離れて、一般市民の直感だけで法令を適用することも許されないだろう。たとえば「正当防衛については、難しい議論がありますが、みなさんが一般市民の目線から見て、許容されると思う防衛行為が正当防衛です」という説明は（内容がまったく失当とまではいえないかもしれないが）従来の法令解釈との連続性・一貫性が乏しく、妥当なものではない。ここでは、法令解釈を平易に説明しなければいけないという要請と、従来の法令解釈との連続性・一貫性を維持するという要請を、どのように調和させるかが重要な問題となる。

この問題については、裁判員裁判をどのように考えるべきかという観点から、さらに詳細な検討が必要であるが、筆者なりの基本的な理解をいくつか列挙しておくことにしたい。

① 既に述べたように、裁判員裁判においても法令解釈はもっぱら職業裁判官の権限である。裁判員によって新たな法令解釈がなされるわけではない。したがって、裁判員裁判だからといって、法律の解釈の帰結がまったく変わってくることはあり得ない。もちろん、法令解釈の帰結は裁判員に平易に説明することが求められているから、裁判員に対してどのように説明すべきかという観点から、従来の法令解釈が修正される可能性はある。しかし、このような法令解釈の変更は裁判例の積み重ねによって段階的に生じうる変化にすぎず、裁判員裁判の導入によってドラスティックに変更されるべきものではないと思われる[2]。

② 裁判員裁判においても、従来の法令解釈との連続性・一貫性が基本的

に要求されることから、法令解釈の指針としては、これまでの判例の集積によって形成された理論（いわゆる判例理論）が前提とされるべきである。学説においては、法令解釈の内容は判例の立場に尽きるわけではなく、むしろ法律の文言それ自体に即した説明が求められるべきであるとの指摘もあるが[3]、そもそも裁判所が条文の文言を解釈した帰結それ自体が判例として集積されているのであるから、判例か、条文の文言かという問題設定それ自体が適切ではないと思われる。

③　裁判員に対する説明方法は、法律の専門用語を平易な日常用語に言い換える作業に尽きるわけではない。たとえば殺意を「殺そうとする意思」、心神喪失を「重度の精神障害によって罪を問えない状態」と言い換えたところで、これらの概念の内実が明確に示されているわけではない（むしろ平易な表現への言い換えによって、たとえば未必の故意は「殺そうとする意思」に含まれないなど、誤解が生ずるおそれすらある）。これらの専門的な概念の内容については、あくまでも判例理論の立場から、説明を加える必要がある。

　もっとも、判例理論は精緻かつ複雑であり、これを法律学の専門家ではない裁判員にそのまま説明しても、正確な理解を得ることは困難である。したがって、その際には、判例の背後にある実質的な問題意識にさかのぼり、判例理論の中核的内容を抽出した上で、その内容を簡潔に裁判員に伝えることが必要である。たとえば正当防衛の存否については、これまでの裁判実務において、正当防衛が認められた事例、否定された事例を類型化した上で、両者の区別において重視されてきた事情を抽出し、その内容を非専門家にとっても分かりやすいように言語化することが求められるだろう。

④　裁判員は、刑法総論・刑法各論の全体構造を正確に把握する必要はなく、当該事件の解決に必要な法令解釈の知識があれば十分である。した

（2）　これらの点について、佐伯仁志「裁判員裁判と刑法の難解概念」曹時61巻8号（2009年）3頁以下などを参照。
（3）　たとえば浅田和茂「裁判員裁判と刑法」立命館法学327＝328号（2009年）5頁などを参照。

がって、明らかに被告人に確定的な殺意がある事件の審理について、未必の故意をめぐる議論を説明する必要はないし、また、一方的に不正の侵害を受けたことが明らかな事件について、喧嘩闘争や自招侵害をめぐる判例理論を説く必要も無い。あくまでも具体的な事件の解決にとって必要な限度で、法令解釈の説明がなされれば十分である。したがって、裁判員に対する法令解釈の説明も、常に同じかたちで行われる必要はなく、具体的な事件ごとに、その内容やウエイトが異なってくることになる。裁判員に対する法令解釈の説明は、大学の刑法の授業ではないのである。

　裁判員裁判における法令解釈の在り方について、重要な指針を提供したのが、『司法研究・難解な法律概念』である。同書においては、法律概念の説明に当たっては「従来の判例理論又は実務の通説的な法令解釈から乖離した説明はできない」[4]という出発点のもと、判例・裁判例において事案解決のために重要と考えられたポイントを抽出し、そのポイントを中心に検討・判断することによって、裁判員の理解に沿う分かりやすい説明が可能になるとされている。本稿も、基本的に同様の問題意識を共有するものである。

　なお、同書では各論的検討として、殺意、正当防衛、責任能力、共謀共同正犯、少年法55条の保護処分相当性について詳細な検討が加えられているが、本稿においては、正当防衛、責任能力に関する提言について、関連する限度で、若干の検討を加えることにしたい。

Ⅲ　正　当　防　衛

1　総　　説

　刑法36条1項は「急迫不正の侵害に対して、自己又は他人の権利を防衛するため、やむを得ずにした行為は、罰しない」、同2項は「防衛の程度を超えた行為は、情状により、その刑を減軽し、又は免除することができる」と規定している。

（4）　『司法研究・難解な法律概念』4頁を参照。

文言上、まず「急迫不正の侵害」という正当防衛状況が必要とされており、この状況における「権利を防衛するため」の「やむを得ずにした」正当防衛行為が36条１項によって違法性阻却されることになる。これに対して、正当防衛状況が認められるものの、「防衛の程度を超えた行為」であり「やむを得ずにした」といえない行為は、正当防衛には該当しないが、過剰防衛として36条２項によって刑の減軽または免除が可能となる。したがって、「正当防衛状況」が認められることが、正当防衛・過剰防衛の共通の前提要件であり、その上で、対抗行為が「正当防衛行為」と評価できるか否かによって、正当防衛と過剰防衛が区別されることになる[5]。

　「正当防衛状況」の要件が「急迫不正の侵害」の文言に対応している。「急迫」とは、「法益の侵害が現に存在しているか、または間近に押し迫つていること」（最（三小）判昭和46・11・16刑集25巻８号996頁）を意味する。要するに相手からの侵害が時間的に差し迫っていることが重要である。たとえば相手が殺害の意思を持って包丁を手に取る行為などが行われれば、相手方が直ちに殺害行為に転ずることが可能であるから、この段階で既に「急迫不正の侵害」が認められる。これに対して、行為者の反撃を受けて、相手方が転倒し、まったく動かなくなっている場合には、既に侵害行為が終了したと評価されるため、侵害の急迫性も否定される。また、「不正」とは違法な行為を意味する。正当な理由なく、被侵害者の利益を侵害する行為は違法であり「不正」な侵害と評価される。刑法上処罰されるか否かとは無関係である。たとえば過失によって他人の財物を損壊する行為（過失器物損壊）は刑法上処罰されておらず、もっぱら民事上の不法行為責任が問題となる行為である。しかし、これが正当な利益を侵害する行為であることには変わりはないことから、これも違法な行為であり、したがって「不正の侵害」に該当する。

　「正当防衛行為」に該当するか否かは、防衛行為が「防衛するため」の行為であり、かつ、「やむを得ずにした行為」といえることが必要である。「防

（５）　もっとも、後述するように、「防衛するため」の行為とは評価できない場合には、過剰防衛も成立しない。

衛するため」の行為というためには、もちろん、それが客観的に防衛に向けられたものである必要があるが、さらに行為者の主観面においても「防衛するため」の行為といえること、すなわち防衛の意思が必要とされている（大判昭和11・12・7刑集15巻1561頁）。したがって、行為者が「自分の身を守ろう」という意思をまったく有しておらず、もっぱら相手に対する加害・報復の意図で対抗行為に出た場合には「防衛するため」の行為といえず、対抗行為は防衛行為とは評価されない。この場合、そもそも「防衛するため」の行為とはいえない以上、正当防衛はもちろん、過剰防衛の成立の可能性も排除される。

「やむを得ずにした行為」については、防衛行為として必要であり（必要性）、かつ、相当な行為（相当性）と解されるのが一般である。一般的な理解にしたがえば、防衛行為として意味がある行為であれば「必要」な防衛行為と評価されるが、相手方の侵害行為に対して過度に危険な行為によって対抗する場合には、その防衛行為は「相当」とはいえず、「やむを得ずにした行為」と評価されないことになる。この判断においては、社会通念における評価が重要であるとされる。

このように正当防衛の要件それ自体は比較的単純なようにもみえる。もっとも、実際の裁判実務においては、正当防衛の成否が争われる具体的事案に即して、いくつかの重要な判例が示されており、これらが正当防衛に関する「判例理論」を形成している。そして、裁判員裁判においても、このような判例理論に基づく判断が不可欠である。以下では、正当防衛をめぐる判例理論について、少し踏み込んで検討を加えてみたい。

2　判例理論

(1)　正当防衛状況に関する判断

自分に何の落ち度もないのに、いきなり無関係の第三者から不正の侵害を被るという事態は（もちろん通り魔のような事例がないわけではないが）それほど頻繁に生ずるわけではない。正当防衛の成否が問題となる事例の中には、侵害者からの不正の侵害が現実化する前に、侵害者＝防衛行為者間で何らかのいざこざがあったり、行為者による挑発的な言動が認められる場合が存在

する。このように喧嘩闘争の一環として正当防衛の成否が問題となった場合について、刑法36条1項は具体的な規定を設けていない。もちろん、不正の侵害が時間的に切迫していれば常に正当防衛による対抗を認めるという理解も理論的には可能であるが、判例は喧嘩闘争状況の一定の局面については、正当防衛の成立を排除していると解される。

　この点について、古い判例（大判昭和7・1・25刑集11巻1頁）は「喧嘩両成敗」という観点から、喧嘩の闘争者の双方の行為については刑法36条の正当防衛の観念を容れる余地がない旨を判示したが、喧嘩闘争といっても多様な事例があるから、喧嘩闘争だからといって、正当防衛の成立可能性を一律に排除することは妥当ではない。このような問題意識から、戦後の判例は、喧嘩闘争の一コマであっても、正当防衛が成立する場合がありうる旨の判断を示す。すなわち、最（三小）判昭和32・1・22刑集11巻1号31頁は、「いわゆる喧嘩は、闘争者双方が攻撃及び防禦を繰り返す一団の連続的闘争行為であるから、闘争のある瞬間においては、闘争者の一方がもつぱら防禦に終始し、正当防衛を行う観を呈することがあつても、闘争の全般からみては、刑法三六条の正当防衛の観念を容れる余地がない場合があるというのであるから、法律判断として、まず喧嘩闘争はこれを全般的に観察することを要し、闘争行為中の瞬間的な部分の攻防の態様によつて事を判断してはならないということと、喧嘩闘争においてもなお正当防衛が成立する場合があり得るという両面を含むものと解することができる」と判断し、①正当防衛の成否においては、侵害行為に至った経緯を含めた「全般的観察」が必要であるが、②「全般的観察」を行ったとしても、なお正当防衛が成立する余地がありうる旨を明示したのである。このような判例の立場からは、いかなる観点から「全般的観察」をすべきなのか、その判断基準が求められることになった。

　この問題に関して、最（一小）決昭和52・7・21刑集31巻4号747頁は、政治集会の開催を準備していた被告人らが、反対派の襲撃を予期し、凶器を準備していたところ、襲撃してきた反対派に対して応戦した事件について、「ほとんど確実に侵害が予期されたとしても、そのことからただちに侵害の急迫性が失われるわけではない」としつつ、「単に予期された侵害を避けなかつたというにとどまらず、その機会を利用し積極的に相手に対して加害

行為をする意思で侵害に臨んだときは、もはや急迫性の要件を充たさない」と判示し、被告人の正当防衛を否定する旨の判断を示している。本決定は、積極的加害意思を有して予期された侵害に臨む行為者は、喧嘩闘争の可能性を自ら受け入れていることから、もはや法的保護に値しないという発想を前提にしたものであり、喧嘩闘争の問題について、防衛行為者の主観面に注目して、侵害の急迫性を否定するという結論を明らかにしたものである[6]。本決定によれば、侵害が切迫する以前の段階において、①侵害を十分に予期した上で、②予期した侵害に対して積極的加害意思を有していた場合には、侵害の急迫性が否定され、正当防衛・過剰防衛の成立が排除されることになる。たとえば喧嘩闘争を覚悟して相手が待つ現場に向かった場合、あるいは、相手の来襲を予期した上で、凶器を準備して相手の来襲を待ち構えているような場合が、昭和52年判例によって侵害の急迫性が否定される典型的な事例ということができる。

　昭和52年判例は、侵害の予期と積極的加害意思という行為者の事前の意思内容を重視して、正当防衛の成立を否定したものであり、これは昭和32年判例が示した「全体的観察」の１類型ということになるだろう。これに対して、行為者自らが不正の侵害を招いたという客観的事実に着目して、正当防衛の成立を否定したのが、最（二小）決平成20・5・20刑集62巻6号1786頁である。本件の被害者Ａと被告人は言い争いになったが、被告人は、いきなりＡの左頬を手拳で１回殴打し（第１暴行）、直後に走って立ち去った。Ａは自転車で被告人を追い掛けると、自転車に乗ったまま、後方から被告人の背中または首付近を強く殴打した（第２暴行）。これに対して、被告人は護身用に携帯していた特殊警棒を取り出し、Ａの顔面や左手を数回殴打して、同人に加療約３週間を要する顔面挫創、左手小指中節骨骨折の傷害を負わせた（第３暴行）。この第３暴行について、正当防衛の成否が問題となったが、最高裁は「被告人は、Ａから攻撃されるに先立ち、Ａに対して暴行を加えているのであって、Ａの攻撃は、被告人の暴行に触発された、その直

（6）　このような指摘として、香城敏麿『刑法と行政刑法』（2005年、信山社）32頁などを参照。

後における近接した場所での一連、一体の事態ということができ、被告人は不正の行為により自ら侵害を招いたものといえるから、Aの攻撃が被告人の前記暴行の程度を大きく超えるものでないなどの本件の事実関係の下においては、被告人の本件傷害行為は、被告人において何らかの反撃行為に出ることが正当とされる状況における行為とはいえないというべきである」と判示して、正当防衛の成立を否定している。本判例は、昭和52年判例とは異なり、侵害の予期や積極的加害意思などの主観面がいっさい考慮されておらず、侵害を不正に自ら招いたなどの客観的な事実関係に着目して、「反撃行為に出ることが正当とされる状況」を否定している[7]。これも喧嘩闘争の一定の場面については正当防衛が成立しないという理解を前提としつつ、その「全般的考察」の1類型として、被告人自らの暴行による侵害の不正招致という事例を付け加えるものといえるだろう。

このように判例によれば、正当防衛状況の判断においては、侵害行為に先行する事情が幅広く考慮されており、喧嘩闘争の意思（積極的加害意思）や違法な自招行為を理由として、正当防衛の成立が否定されている。

⑵　防衛の意思

既にみたように、判例は防衛の意思を要求しているが、防衛の意思に関するハードルはそれほど高いものではない、すなわち最（三小）判昭和50・11・28刑集29巻10号983頁は「急迫不正の侵害に対し自己又は他人の権利を防衛するためにした行為と認められる限り、その行為は、同時に侵害者に対する攻撃的な意思に出たものであつても、正当防衛のためにした行為にあたると判断するのが、相当である。すなわち、防衛に名を借りて侵害者に対し積極的に攻撃を加える行為は、防衛の意思を欠く結果、正当防衛のための行為と認めることはできないが、防衛の意思と攻撃の意思とが併存している場合の行為は、防衛の意思を欠くものではないので、これを正当防衛のための行為と評価することができるからである」と判示して、攻撃的な意思が併存していても「防衛するため」の行為に当たると解している。逆にいうと、行為者がもっぱら攻撃的な意思で対抗する場合であり、「侵害者に対し積極的

（7）　この点について、三浦透「判解」最判解刑平成20年度433頁以下を参照。

に攻撃を加える行為」と評価できる場合に限って、「防衛するため」の行為とはいえず、正当防衛の成立が否定されることになる。しかし、人間には自己防衛本能があるのだから、自分の生命・身体に対する重大な危険が切迫している場合に、防衛意思が欠ける場合はほとんど考えられない。実際、実務においては、通常の正当防衛状況については当然に防衛の意思が認められており、防衛の意思が否定されるのは、軽微な侵害行為に対して意図的にきわめて危険な対抗行為に出た場合（客観的にそもそも正当防衛とはいえない場合）など、ごく例外的な場面に限られている[8]。したがって、現在の裁判実務においては、防衛の意思は正当防衛の要件としては重要性を失っており、過剰防衛として刑の減免の余地を認めるか否か、という局面で実益を有しているにすぎない。

(3) 防衛行為の相当性

防衛行為の相当性の判断基準について、最（一小）判昭和44・12・4刑集23巻12号1573頁は、指をねじ上げられた被告人が被害者の胸を強く突き飛ばしたところ、その後頭部を付近に駐車していた自動車のバンパーにぶつけさせて頭部打撲症を負わせた事件について、「やむを得ずにした行為」とは「急迫不正の侵害に対する反撃行為が、自己または他人の権利を防衛する手段として必要最小限度のものであること、すなわち反撃行為が侵害に対する防衛手段として相当性を有するものであること」を意味し、「反撃行為が……防衛手段として相当性を有する以上、その反撃行為により生じた結果がたまたま侵害されようとした法益より大であつても、その反撃行為が正当防衛行為でなくなるものではない」と判示している。本判決は、その表現を素直に理解するのであれば、防衛手段として必要最小限度のものといえるかを重視したものであり、本件の具体的状況においては、被告人が採りうる防衛手段としては、相手の胸を突き飛ばす行為ぐらいしか想定しがたいことから、本件防衛行為以外の選択肢は事実上、存在せず、それゆえ「必要最小限度」の防衛行為と評価され、正当防衛の成立が認められたと解することがで

（8） 判例の分析については、橋爪隆『正当防衛論の基礎』（2007年、有斐閣）171頁以下を参照。

きる[9]。

　もっとも、このように「必要最小限度」か否かの判断は、「現実の防衛手段の代わりに、どのような防衛手段を取ることができたか、その場合には被告人は防衛に確実に成功したのだろうか」という仮定的な事情を考慮することが不可欠であり、必ずしも明確な判断が容易ではないことから、その後の実務においては、本判決が結果の大小は重要ではないと判示していることを受けて、行為態様、すなわち侵害行為と防衛行為の危険性の比較衡量によって相当性を判断するものが主流となる（このような行為態様の危険性の比較衡量は「武器対等原則」と呼ばれる）。最（二小）判平成元・11・13刑集43巻10号823頁も、被害者Ａが暴行の意欲を示しつつ素手で接近して来たのに対して、被告人が菜切包丁を構えてＡと対峙した事件について、Ａが被告人よりも若く、体力にも優れていること、被告人が防御的な行動に終始していたことを重視して、防衛行為の相当性を肯定しているが、これは武器対等原則を形式的に適用するのではなく、防衛行為者・侵害行為者の体力差、武器の使用態様などを実質的に考慮して、相当性を肯定したものと解される[10]。

3　若干の検討

(1)　総　　説

　それでは、正当防衛の判断について、裁判員裁判においてはどのような点が重要な問題となるのだろうか。上記司法研究の提言を踏まえつつ、若干の検討を加えることにしたい。

　まず確認すべきことは、正当防衛といっても、あくまでも刑法36条1項の

---

(9)　もちろん、ここにいう「必要最小限度」性については、防衛行為者が緊急状況下に置かれていること、また、防衛行為者が（防衛に失敗する）リスクを負う必要がないことから、ある程度、幅を持って判断されるべきだろう。この点について、平野龍一『犯罪論の諸問題（上）総論』（1981年、有斐閣）63頁などを参照。

(10)　さらに最（二小）決平成9・6・16刑集51巻5号435頁は、鉄パイプで被告人を殴打しようとした被害者がアパートの2階の手すりの外側に上半身を前のめりに乗り出した姿勢にあったところ、被告人が同人の足を持ち上げて転落させた事件について、防衛行為の相当性を否定しているが、これも被害者の攻撃力の減弱という事情を重視して、実質的には武器対等性が認められないことを重視したものと解することもできる。

適用の可否の問題であり、防衛行為が「正当」か否かを抽象的に論ずべきではないことである。特に正当防衛については刑事ドラマや推理小説などで頻繁に登場する概念であることから、裁判員が自分なりの正当防衛に関するイメージを持っている場合が多いだろう。一般市民の正当防衛に関するイメージと判例理論に基づく正当防衛の解釈の異同は明らかではないが、私の想像では、一般市民の感覚では、憤激・興奮のあまり対抗行為に出るような場合は「正当」な防衛行為とはいえないというイメージがあるのかもしれない（判例によれば、防衛の意思が少しでも認められるのであれば、憤激・興奮していても正当防衛・過剰防衛が成立する余地がある）。逆に、立場がきわめて弱い者が「窮鼠猫を噛む」状況に至り、反撃に転じた場合には、直ちに反撃が「正当」であるとして、正当防衛を認めるべきという発想が強いのかもしれない。たとえばドメスティック・バイオレンスを受けていた妻が、夫に対して反撃行為に転ずるような場合である（もちろん、実際に夫の暴行が切迫していれば正当防衛の成立を認めるべき場合があるが、夫の就寝中などを狙って殺傷行為に及んだ場合には、夫による侵害行為が「急迫」とは評価できないことから、正当防衛の成立を認めることは困難である）。いずれにしても、一般市民の正当防衛に関するイメージと判例実務における正当防衛の判断基準との間に離齬が生ずるのであれば、やはり判例理論の実質を平易に説明することによって、判例理論にしたがった法令適用を促すことが必要であろう[11]。もちろん、判例実務における正当防衛の判断が一般市民の感覚とまったくかけ離れたものであれば、その点については適宜、是正が図られるべきかもしれない。しかし、その場合についても、判例理論から離脱することについて、説得的な説明が求められるべきであろう（さらに刑法36条1項の文言との整合性について、十分な配慮が必要になると思われる）。

(2) 正当防衛状況の判断について

　正当防衛については既にみたように複雑な判例理論が展開されている。たしかに正当防衛が問題となる事例の中には、被告人による挑発的な言動が先行していたり、あるいは、喧嘩闘争の一環という性質が強い事例もあるた

---

(11)　この点について、『司法研究・難解な法律概念』20頁を参照。

め、これらの事例を解決するためには専門的な議論の蓄積が必要とされることは当然である。もっとも、正当防衛が問題となる事例の中には、相手から一方的に攻撃を受けたのに対して、被告人が対抗行為に出たような比較的単純な事例も含まれている。このような解釈上の論点が比較的少ない事例については、複雑な判例理論を提示することなく、丹念な事実認定によって正当防衛の成否を検討すればたりることになる[12]。

　判例理論によれば、正当防衛状況が認められるためには、①不正な侵害が時間的に切迫していることを前提にした上で、②予期された侵害に積極的加害意思をもって臨んだり、あるいは、侵害を自ら不正に招いた場合など、正当防衛状況を否定すべき事情が認められないことが要求されていると解される。したがって、上記②のような正当防衛状況を否定すべき事情が存在しないことが明らかな事例については、もっぱら上記①の観点、すなわち時間的切迫性に絞って検討すれば十分である。この場合には、「被告人にとって、生命、身体に対する危険が差し迫った緊急状態にあったといえるか」、「何らかの反撃行為に出ることが正当化される緊急状態にあったといえるか」などの観点からの説明を行い、客観的な事実関係から、正当防衛状況性が判断されるべきであろう[13]。

　これに対して、上記②のような事情の存否が争点となる場合、裁判員にとって正当防衛状況の判断はきわめて難解で困難なものになるおそれがある。このような問題意識から、司法研究においては、侵害の急迫性の判断と防衛意思の判断を厳密に区別することなく、両者の要件を合わせた形で、「正当防衛が認められるような状況にあったか否か」という大きな判断対象を提示し、これを念頭に置いて検討を求める方向性が提唱されている。もちろん、上記提言も個別の要件の相違を完全に捨象することを意図するものではなく、具体的な事案に応じた判断対象の示し方がありうることを当然の前提としたものと解される[14]。

　正当防衛状況の判断は、究極的には、被侵害者の利益を正当防衛によって

---

(12)　この点について、『司法研究・難解な法律概念』21頁以下を参照。
(13)　『司法研究・難解な法律概念』22頁を参照。
(14)　これらの点について、『司法研究・難解な法律概念』25頁以下を参照。

保護すべきか、すなわち、被告人の実力行使を正当化すべき状況といえるかという価値判断に集約することができるから、「正当防衛が認められるような状況」といえるか否かを判断対象とすることは適切なアプローチであると思われる。もっとも、「正当防衛が認められるような状況」か否かといっても、それを一般人の直感によって判断するのであれば、その判断はきわめて不安定になり、妥当ではないと思われる。あくまでも具体的事案に応じて「正当防衛が認められるような状況」か否かを判断するための下位基準を提示することが必要であり、また、事案に即した類型化が不可欠であると思われる[15]。

正当防衛状況の判断において困難な問題となるのは、昭和52年判例と平成20年判例の関係である。昭和52年判例は、予期された侵害に積極的加害意思をもって臨んだ行為者について正当防衛の成立可能性を否定したものであり、他方、平成20年判例は、相手の侵害行為を自ら違法に招いた行為者について対抗行為の正当化を否定している。昭和52年判例は侵害に先行する主観的事情、平成20年判例は先行する客観的事情に着目して、それぞれ正当防衛状況を否定したものと解した場合、両者の間には大きな相違があるようにもみえる。もっとも、昭和52年判例についても、もっぱら主観面に着目した判断として理解すべきではないだろう。実務においては、正当な理由もないのに、予期された侵害に不必要に身をさらしたような場合には、基本的に積極的加害意思が認定され、急迫性が否定される傾向があるといわれる[16]。たとえば喧嘩になることは確実だと予期しつつ、現場に行く必然性も乏しいのに、相手方の要求に応じて凶器を持参して現場に向かった場合、行為者が喧嘩闘争を積極的に欲していたか否かにかかわらず、これまでの実務では侵害の急迫性が否定されてきたと思われるし、それには十分な理由があったと思われる。ここでは、正当な理由がないのにあえて喧嘩闘争に身をさらしたという客観的事実が決定的であり、積極的加害意思はそのような状況において事実上認められる行為者の心理状態にすぎないということもできる[17]。この

---

(15) これらの点については、嶋矢貴之「正当防衛・共犯について」刑雑55巻2号（2016年）133頁以下を参照。

(16) 裁判例の詳細については、たとえば橋爪・前掲注(8)154頁以下の分析を参照。

ように昭和52年判例においても（積極的加害意思の存在を推認する間接事実として）凶器を準備して、正当な理由もなく、侵害が予期される現場に赴いた事実などの客観的事実が重視されていると解するのであれば、昭和52年判例、平成20年判例ともに、侵害に先行する客観的事情を考慮することで正当防衛状況を否定したものとして、統一的に解釈することも不可能ではない。もっとも、昭和52年判例においては、侵害の予期という事実が重視されている。すなわち、侵害を予期しつつも、その状況を受け入れたという事情が正当防衛状況性を否定する上では重要な意義を有しているのである。したがって、侵害に先行する客観的事情によって正当防衛状況性を判断するといっても、昭和52年判例の枠組みのもとでは、侵害の予期という主観的事情を無視することはできず、なお行為者の主観面を検討せざるを得ないのである。これに対して、平成20年判例はもっぱら客観的事実関係によって正当防衛状況性を否定しており、行為者の主観面を問題にしていない。したがって、両判例を統一的に解釈しようとしても、侵害の予期という主観的事情の要否という点において、両者の間には大きな溝があることは否定できない[18]。

　なお、最近、最（二小）決平成29・4・26刑集71巻4号275頁は、侵害の予期の判断について、次のような注目すべき判断を示している。

　「刑法36条は、急迫不正の侵害という緊急状況の下で公的機関による法的保護を求めることが期待できないときに、侵害を排除するための私人による対抗行為を例外的に許容したものである。したがって、行為者が侵害を予期した上で対抗行為に及んだ場合、侵害の急迫性の要件については、侵害を予期していたことから、直ちにこれが失われると解すべきではなく……、対抗行為に先行する事情を含めた行為全般の状況に照らして検討すべきである。具体的には、事案に応じ、行為者と相手方との従前の関係、予期された侵害の内容、侵害の予期の程度、侵害回避の容易性、侵害場所に出向く必要性、

---

(17)　このような指摘として、阿部純二ほか「刑法総論の現代的課題」Law School 42号（1982年）15頁〔町野朔発言〕を参照。

(18)　もっとも、自招行為が問題となる事例についても、侵害の予期が認められる場合には昭和52年判例の枠組みによって基本的には解決可能である。したがって、侵害の予期がない場合に限って、平成20年判例の意義が認められるという理解も可能かもしれない。

侵害場所にとどまる相当性、対抗行為の準備の状況（特に、凶器の準備の有無や準備した凶器の性状等）、実際の侵害行為の内容と予期された侵害との異同、行為者が侵害に臨んだ状況及びその際の意思内容等を考慮し、行為者がその機会を利用し積極的に相手方に対して加害行為をする意思で侵害に臨んだとき……など、前記のような刑法36条の趣旨に照らし許容されるものとはいえない場合には、侵害の急迫性の要件を充たさないものというべきである。」

　本決定は、昭和52年判例のように予期された侵害に臨む事例については、積極的加害意思という心理状態それ自体が決定的に重要なのではなく、むしろ侵害に先行する事情を含めた客観的な状況が重要な判断資料となる旨を示したものと解される。積極的加害意思の存在を推認せしめる間接事実それ自体が、正当防衛状況の判断においては重要であることを示したものということもできよう。具体的な判断資料を列挙しているのも、裁判員裁判を意識した判断といえるだろう。もっとも、本決定が「行為者が侵害を予期した上で対抗行為に及んだ場合」に限った判断であり、昭和52年判例と平成20年判例を統一的に解釈するものではない点には注意が必要である。実際、本決定は、行為者が相手の侵害を不正に自招したという事情を（急迫性の存否に関して）客観的に考慮されるべき事情の範囲から慎重に除外しており、自招侵害の事例については、あくまでも平成20年判例によって解決されるべきであることを前提にしたものと解される。

(3) 防衛の意思について

　司法研究では、既に述べたように、侵害の急迫性と防衛の意思の判断を厳密に区別しないアプローチの可能性が提言されていた[19]。この点については、侵害の急迫性は正当防衛状況を基礎付ける要件であるのに対して、防衛の意思は正当防衛行為の要件であることから、両者を区別しないアプローチは妥当ではないという批判が考えられるところである。もっとも、通常の正当防衛状況であれば行為者が自己の生命・身体を防衛しようとする意思を有

---

(19)　もっとも、現実の裁判員裁判では、なお両者を区別する従来の解釈が維持されているようである。この点について、嶋矢・前掲注(15)135頁注15を参照。

する場合がほとんどであるから、防衛の意思の存否が問題となる場合は、軽微な侵害に対して意図的に重大な加害行為に出たような例外的局面に限られている。したがって、防衛の意思が否定されるような事例については、端的に「軽微な侵害に対してあえて意図的に重大な加害行為に出るような行為は、およそ防衛行為として許されるべき状況下の行為ではない」という観点から、刑法36条の適用を排除することが適切であろう。司法研究の提言が、このような問題意識から、防衛の意思をめぐる問題を主観的要件の問題ではなく、むしろ客観的な防衛状況と関連する問題として把握しようとするものであれば、賛成することができる。いずれにせよ、防衛の意思の存否は、ごく限られた事例について争点となるにすぎない。生命・身体に対する重大な侵害が差し迫った状況については（偶然防衛のようなきわめて特殊な事例を除けば）防衛の意思の存否が争点となる事例は、ほとんど考えられないように思われる。

(4) 防衛行為の相当性について

防衛行為の相当性の判断については、裁判員個人がもし防衛行為者であったならば、どのような行動に出ただろうか、という観点が重要であり、また、裁判員にとっても判断しやすいものであろう。このような仮定的判断においては、当然ながら、①行為者にとってどのような防衛手段が選択できたかという視点（必要最小限度性）が重視されるであろうし、また、②危険性の高い防衛手段を投入することについては多くの裁判員も躊躇を覚えるであろうから、防衛行為の危険性も重要な判断資料となるだろう。したがって、上記のような観点からの判断によって、基本的には従来の判例理論と親和的な判断を維持することが可能になると思われる。

もっとも、裁判員に対しては、現実の行為者が緊急状況に置かれており、冷静沈着な判断が困難であったという事情を十分に説明する必要があるだろう。後から考えてみれば「むしろこのような防衛手段を選択すべきであった」と評価される場合であっても、緊急状況下の行為者にとって、このような判断が困難な場合については、なお防衛行為の相当性が認められるべきである。また、行為者は聖人君子である必要はなく、あくまでも防衛行為が可罰的な行為と評価されるか否かの限界が問題となっているのであるから、

「多少血の気の多い一般人」を想定した上で、そのような行為者にいかなる範囲の防衛行為を許容すべきかという観点が重要であろう[20]。

Ⅳ　責 任 能 力

1　総　　説

⑴　責任能力の内容

　責任能力とは、自己の行為に対して（刑事上の）責任を負うことができる能力であり、行為者を法的に非難するために必要な能力である。行為者に責任能力が欠ける場合、行為者を非難することができない以上、構成要件該当性、違法性が認められても、責任が阻却され、行為者を処罰することができない。

　刑法39条における心神喪失・心神耗弱の意義について、判例（大判昭和6・12・3刑集10巻682頁）は、「心神喪失ト心神耗弱トハ孰レモ精神障礙ノ態様ニ属スルモノナリト雖其ノ程度ヲ異ニスルモノニシテ即チ前者ハ精神ノ障礙ニ因リ事物ノ理非善悪ヲ弁識スルノ能力ナク又ハ此ノ弁識ニ従テ行動スル能力ナキ状態ヲ指称シ後者ハ精神ノ障礙未タ上叙ノ能力ヲ欠如スル程度ニ達セサルモ其ノ能力著シク減退セル状態ヲ指称スルモノナリトス」と判示している。すなわち、心神喪失とは、精神の障害によって理非善悪を弁識する能力（弁識能力）または行動を制御する能力（制御能力）のいずれか（または両者）を欠く状態であり、心神耗弱とは、精神の障害によって、弁識能力または制御能力が欠如するまでには至っていないが、いずれか（または両者）が著しく限定されている状態をいう。このように判例の定義は、精神の障害という生物学的要素が弁識能力・制御能力の欠如・減弱という心理学的要素に影響を及ぼしたことを要求するものであり、生物学的要素と心理学的要素の両者を併用することから、混合的用法と呼ばれている。かつては精神の障害が意思決定にどのように影響したかを具体的に判断することは不可能であるから、一定の精神疾患については（その疾患に応じて）常に心神喪失または心

---

(20)　このような指摘について、安廣文夫「正当防衛・過剰防衛に関する最近の判例について」刑雑35巻2号（1996年）85頁を参照。

神耗弱を認めるべきという議論（いわゆる不可知論）が有力に主張されたことがあった。この立場からは責任能力の判断においては生物学的要素の判断が決定的に重要であったことになる。もっとも、現在では、精神の障害が意思決定に与える影響の程度を認識することは可能であるという立場（可知論）が有力になっている。この立場からは、一定の精神疾患に罹患しているからといって直ちに心神喪失・心神耗弱という判断が下されるわけではなく、あくまでも、精神疾患が心理学的要素に与える影響の程度によって、刑法39条の適否が判断されることになる。

「精神の障害」として実際に問題となるものとしては、統合失調症、持続性妄想性障害、うつ病（双極性障害）、アルコール・薬物関連の障害、知的障害などがある。近時では、人間関係の形成やコミュニケーションに困難が生ずる広汎性発達障害（自閉性障害、アスペルガー症候群など）、人格の平均範囲からの著しい変異・逸脱とされるパーソナリティ障害などが「精神の障害」に当たるかが問題となる場面が増えているが、発達障害やパーソナリティ障害を理由として39条が適用されるケースはきわめて例外的な場面に限られているようである。

心理学的要素の内容は、弁識能力と制御能力に区別されている。弁識能力の内容については、これを自分の行おうとしている行為が違法行為か否かを識別する能力と解するのが一般的な理解である[21]。もちろん、統合失調症の患者であっても、一般論としては、人を殺すことは違法行為であり、犯罪行為であると分かっている場合がほとんどであろう。ここでは、一般的な違法性の弁識能力ではなく、あくまでも自分が行おうとしている行為について、その意味や違法性を認識する能力が問われることになる。たとえば幻覚・妄想の影響によって、被害者が悪魔や猛獣に見えており、相手を殺害しなければ自分の生命が危ういと感じて殺害行為に出た場合、行為者の主観では相手を殺害する行為が正当な行為と映っていたことになるから、自己の行為の違法性を認識する能力が欠けていることになる。

---

(21)　この点については、安田拓人『刑事責任能力の本質とその判断』（2006年、弘文堂）75頁以下を参照。

制御能力は、犯罪に出ようとする衝動を制御し、行為に出ないようにする能力である。もっとも、現実に犯罪衝動が制御されずに犯罪行為に至った場合について、精神の障害によって「制御できなかった」のか、それとも「制御する可能性はあったが、制御しなかった」だけなのかを明確に区別することは困難である。そのため、実務的には、弁識能力と制御能力を分けて認定するのではなく、両者を一体として判断することが一般的であるといわれる[22]。

(2) 責任能力の判断

責任能力の判断においては、精神の障害という生物学的要素が、どのように行為者の心理学的要素に影響を及ぼしたかの判断が重要であり、これらの診断はまさに臨床精神医学の問題である。もっとも、刑法39条の心神喪失・心神耗弱という概念は法律上の概念であるから、最終的には法律判断として裁判所が評価すべき問題である。このように責任能力の判断要素を認定する際には、精神医学上の専門的判断を参照する必要があるが、責任能力それ自体は法律上の判断であることから、両者の関係について微妙な問題が生じることになる。この問題について、最（三小）決昭和58・9・13裁判集刑232号95頁は、覚せい剤の使用歴のある被告人の窃盗事件について、被告人は幻聴の強い影響下で本件犯行に及んだとして心神耗弱の精神鑑定がなされたが、控訴審は幻聴の存在を否定して、完全責任能力を認めたという事件について、「被告人の精神状態が刑法三九条にいう心神喪失又は心神耗弱に該当するかどうかは法律判断であつて専ら裁判所に委ねられるべき問題であることはもとより、その前提となる生物学的、心理学的要素についても、右法律判断との関係で究極的には裁判所の評価に委ねられるべき問題であるところ、記録によれば、本件犯行当時被告人がその述べているような幻聴に襲われたということは甚だ疑わしいとしてその刑事責任能力を肯定した原審の判

---

(22) この点について、稗田雅洋「責任能力と精神鑑定」新実例刑法［総論］175頁などを参照。さらに制御能力について、犯罪意思を形成し、適切な手段で犯罪を遂行する能力があればたり、犯罪を思いとどまる能力という意味での行動制御能力までは要しないとする見解として、樋口亮介「責任能力の理論的基礎と判断基準」論究ジュリ19号（2016年）199頁以下を参照。

断は、正当として是認することができる」と判示し、生物学的要素、心理学的要素のいずれについても、究極的には裁判所が法的評価を行うべきであり、したがって精神鑑定の結論に拘束されるものではないことを明らかにしている。

　その後の最（二小）判平成20・4・25刑集62巻5号1559頁は、精神鑑定と責任能力の関係について重要な判断を示す。本件被告人は統合失調症を発症しており、人のイメージが頭の中に出てきてそれがものを言うという幻視・幻聴や、頭の中で考えていることを他人に知られていると感じるなどの異常体験を有していたが、とりわけ被告人が犯行の9年ほど前まで勤務していた塗装店の経営者（本件被害者）が被告人に話しかけたりする幻視・幻聴が特に頻繁に現れていた。犯行当日も、被害者が頭の中に現れ、「仕事に来い。電話しろ」と仕事を誘う声が聞こえたため、被害者に対する腹立ちが収まらず、被害者を殴って脅し、自分をばかにするのをやめさせようなどと考え、上記塗装店に赴き、被害者を殴打して死亡させた。

　捜査段階の簡易精神鑑定（A鑑定）では心神耗弱相当であるとの所見が示され、また、第1審段階における精神鑑定（B鑑定）では被告人は心神喪失の状態にあったとする所見が示されたが、第1審判決（東京地判平成16・10・20刑集62巻5号1592頁参照）はB鑑定に依拠して、被告人を心神喪失と評価して無罪判決を下した。これに対して、控訴審においては、本件行為当時、被告人は心神耗弱にとどまるとのC医師による意見書（C意見）が提出され、さらに被告人は統合失調症による異常体験に基づいて本件暴行を加えており、弁識能力または制御能力が欠けていたとするD鑑定が行われたが、控訴審判決（東京高判平成18・3・23刑集62巻5号1604頁参照）は、B鑑定、D鑑定はいずれも採用できず、被告人は心神耗弱にとどまるとして、原判決を破棄し、被告人を懲役3年に処した。これに対して、最高裁は次のように判示して、原判決を破棄し、事件を原審に差し戻した。

　「被告人の精神状態が刑法39条にいう心神喪失又は心神耗弱に該当するかどうかは法律判断であって専ら裁判所にゆだねられるべき問題であることはもとより、その前提となる生物学的、心理学的要素についても、上記法律判断との関係で究極的には裁判所の評価にゆだねられるべき問題である……。

しかしながら、生物学的要素である精神障害の有無及び程度並びにこれが心理学的要素に与えた影響の有無及び程度については、その診断が臨床精神医学の本分であることにかんがみれば、専門家たる精神医学者の意見が鑑定等として証拠となっている場合には、鑑定人の公正さや能力に疑いが生じたり、鑑定の前提条件に問題があったりするなど、これを採用し得ない合理的な事情が認められるのでない限り、その意見を十分に尊重して認定すべきものというべきである。」「この観点からB鑑定及びD鑑定を見ると、両医師とも、いずれもその学識、経歴、業績に照らし、精神鑑定の鑑定人として十分な資質を備えていることはもとより、両鑑定において採用されている諸検査を含む診察方法や前提資料の検討も相当なもので、結論を導く過程にも、重大な破たん、遺脱、欠落は見当たらない。また、両鑑定が依拠する精神医学的知見も、格別特異なものとは解されない。……このような両鑑定は、いずれも基本的に高い信用性を備えているというべきである。……そうすると、……基本的に信用するに足りる両鑑定を採用できないものとした原判決の証拠評価は、相当なものとはいえない。」

　本判決は、責任能力の判断が法律判断であり、その前提となる生物学的要素、心理学的要素についても究極的には裁判所が評価すべき問題であるという点において、昭和58年判例を踏襲している。もっとも、「生物学的要素である精神障害の有無及び程度並びにこれが心理学的要素に与えた影響の有無及び程度」については、裁判官が専門的知見を有しているわけではない以上、裁判所が無制約に自由な判断をすることが許されるわけではない。したがって本判決は、「生物学的要素である精神障害の有無及び程度並びにこれが心理学的要素に与えた影響の有無及び程度」は法律判断であり、裁判所が評価すべき問題ではあるが、その判断に際しては、専門家である精神医学者の鑑定意見を十分に尊重して認定すべき必要がある旨を判示したものと解される。したがって、精神医学者の鑑定意見を採用しないためには、裁判所としては、鑑定意見を採用し得ないだけの合理的な理由を示す必要があることになる。このような判断は、裁判員裁判を視野に入れたものとして理解すべきであろう[23]。裁判員裁判においては、まずは専門家による精神鑑定の内容を出発点として、その内容が信頼できるものか否かを吟味することによっ

て、責任能力の判断過程が明確になるからである。

　平成20年判例の趣旨をさらに明確にしたものが、最（一小）決平成21・12・8刑集63巻11号2829頁である。本件被告人は、窓から通行人めがけてエアガンを発射する行為を繰り返しており、措置入院となっていた。退院後、被告人の精神状態は再び悪化し、隣家に住む男性（被害者）の長男が盗聴やのぞきに来ているなどと言い出し、被害者の家族から嫌がらせを受けていると思い込んで悪感情を抱くようになり、無断で被害者方2階に上がり込んだり、玄関ドアを金属バットでたたいたりしていた。犯行当日、被告人は金属バットとサバイバルナイフを持って被害者方に向かうと、被害者を殺害し、さらに被害者の二男に傷害を負わせた。捜査段階の精神鑑定（Ｎ鑑定）は、被告人を人格障害の一種である統合失調型障害であり、被告人は本件犯行当時に是非弁別能力と行動制御能力を有していたが、心神耗弱とみることに異議は述べないとしたところ、第1審判決（京都地判平成18・2・27刑集63巻11号2848頁参照）は、Ｎ鑑定を基本的に信頼できるとしつつ、被告人に完全責任能力を認めた。控訴審における精神鑑定（Ｓ鑑定）は、被告人は、本件犯行時、妄想型統合失調症に罹患しており、犯行時にはその病的体験が一過性に急性増悪しており、本件犯行はその病的体験に直接支配されて引き起こされたものであり、被告人は、本件犯行当時、是非弁別能力及び行動制御能力をいずれも喪失していたとする。控訴審判決（大阪高判平成20・7・23前掲刑集2873頁参照）は、Ｓ鑑定に従い、被告人が犯行当時、統合失調症に罹患していたと認定したが、本件犯行は、統合失調症による病的体験に犯行の動機や態様を直接に支配されたものとまではいえないとして、原判決を破棄し、被告人を心神耗弱とした。最高裁は被告人の上告を棄却し、職権で次のような判断を示した。

　「責任能力の有無・程度の判断は、法律判断であって、専ら裁判所にゆだねられるべき問題であり、その前提となる生物学的、心理学的要素についても、上記法律判断との関係で究極的には裁判所の評価にゆだねられるべき問題である。したがって、専門家たる精神医学者の精神鑑定等が証拠となって

---

(23)　この点に関連して、佐伯・前掲注(2)38頁以下を参照。

いる場合においても、鑑定の前提条件に問題があるなど、合理的な事情が認められれば、裁判所は、その意見を採用せずに、責任能力の有無・程度について、被告人の犯行当時の病状、犯行前の生活状態、犯行の動機・態様等を総合して判定することができる……。そうすると、裁判所は、特定の精神鑑定の意見の一部を採用した場合においても、責任能力の有無・程度について、当該意見の他の部分に事実上拘束されることなく、上記事情等を総合して判定することができるというべきである。原判決が、前記のとおり、Ｓ鑑定について……被告人が本件犯行時に心神喪失の状態にあったとする意見は採用せず、責任能力の有無・程度については、上記意見部分以外の点ではＳ鑑定等をも参考にしつつ、犯行当時の病状、幻覚妄想の内容、被告人の本件犯行前後の言動や犯行動機、従前の生活状態から推認される被告人の人格傾向等を総合考慮して、病的体験が犯行を直接支配する関係にあったのか、あるいは影響を及ぼす程度の関係であったのかなど統合失調症による病的体験と犯行との関係、被告人の本来の人格傾向と犯行との関連性の程度等を検討し、被告人は本件犯行当時是非弁別能力ないし行動制御能力が著しく減退する心神耗弱の状態にあったと認定したのは、その判断手法に誤りはなく、また、事案に照らし、その結論も相当であって、是認することができる。」

　既にみたように、平成20年判例も、責任能力に関する裁判所の判断が精神鑑定の内容に拘束される旨を判示したわけではない。本決定が責任能力の有無・程度については、鑑定意見に拘束される必要がないと判示したのは、このような前提からは当然の判断であり、平成20年判例が、昭和58年判例で示された基本的な理解を修正するものではないことを改めて確認したものであろう[24]。そして、本決定は、Ｓ鑑定が、被告人が統合失調症に罹患していたことについては説得的な判断を示しているとしても、その精神の障害が本件犯行に至る意思決定にいかなる影響を及ぼしたのか、その「機序」を明確に示していないことから、生物学的要素が心理学的要素に与えた影響・機序については、Ｓ鑑定を「採用し得ない合理的な事情」があると判断したものである。

---

(24)　この点について、任介辰哉「判解」最判解刑平成21年度666頁を参照。

IV 責任能力　73

　なお、本決定は、本件犯行が統合失調症による病的体験の直接的影響下にあったのか、それとも（間接的に）影響を及ぼす程度にあったのか、被告人の本来の人格傾向と関連して行われた犯行といえるのかという観点を重視している。このような観点は、後述するように司法研究における責任能力判断に関する提言を前提にしたものと解される[25]。

2　『司法研究・難解な法律概念』の提言について

　『司法研究・難解な法律概念』においては、責任能力に関する説明の在り方についても、重要な提言がなされている。同研究では、統合失調症の影響を理由として責任能力が争われた場合について、従来の裁判実務においては、犯行が妄想に直接支配されていたか否か、動機や犯行態様の異常性が被告人の平素の人格から乖離していたか否かという観点がもっとも重視されていることから、端的に「精神障害のためにその犯罪を犯したのか、もともとの人格に基づく判断によって犯したのか」という視点から責任能力を検討するのが適切であるとする[26]。この提言は、統合失調症の患者であっても、本来の正常な人格が残っており、それに基づく意思決定をする余地があることに着目した上で、犯罪を犯すに至った経緯において、精神障害による幻覚・妄想などの病的体験が重要な影響を持ったのか、それとも、本来の人格による意思決定がなお機能していたのかに着目して、責任能力の存否を判断するものであり、いわば「異常性と正常性の比較衡量」による判断ということもできる[27]。

　このような判断基準によれば、幻覚・妄想が犯罪を犯す契機となっていた場合であっても、意思決定との「近さ」が重要となってくると思われる。たとえば「相手が自分を殺害しようとしている、やられる前に相手を殺害しなくてはいけない」という幻覚・妄想に支配されて殺害行為に至った場合には、まさに病的体験が直接的に意思決定を導いているといえる。これに対し

---

(25)　この点について、任介・前掲注(24)670頁を参照。
(26)　『司法研究・難解な法律概念』36頁以下を参照。
(27)　この点について、安田拓人「故意・責任能力について」刑雑55巻 2 号（2016年）156頁以下を参照。

て、「相手が自分の悪口を言っている」という幻覚・妄想に基づいて相手を殺傷したとしても、幻覚・妄想の内容は、犯行に至る１つの契機にすぎず、意思決定を支配しているわけではない。むしろ何らかの契機があれば、直ちに相手を殺傷しようとする本来の人格傾向が意思決定を動機付けたということができる。『司法研究・難解な法律概念』の提言によれば、このような精神の障害から犯行に至った「機序」が重要な判断基準となるだろう[28]。

　被告人の本来の人格内容が精神の障害によってどのように変容したかが明らかな事案については、司法研究の上記提言は、「精神の障害」の影響の程度を具体的に判断する基準として有効なものであると思われる。もっとも、たとえば統合失調症が被告人の人格形成過程で生じており、本来の人格内容が明らかではない事例も存在するだろう。このような事例については、たとえば衝動性や攻撃性が強い性格などについても、そもそも精神の障害によって生じた可能性があることから、「もともとの人格」の内容については慎重な判断が必要になる[29]。さらに、精神発達遅滞、パーソナリティ障害などの精神障害については、まさに本来の人格相当として犯罪が行われていることから、このような判断基準を用いることはできない。これらの事例については、一般市民として通常備わるべき能力からの乖離が重視されることになると思われるが、その判断基準についてはさらに検討が必要であろう。

　さらに責任能力の判断において、きわめて困難な問題は、犯罪行為に至る意思決定において精神障害による病的体験が一定の影響を及ぼしたという結論に至った場合についても、それを心神喪失・心神耗弱・完全責任能力のどの段階に位置づけるべきか、という限界設定の問題である。影響の程度といっても単純に数値化できるものではないから、裁判員裁判において安定した判断をするためには、従来の実務において心神喪失・心神耗弱とされた事例を示しつつ、裁判員にも一般的なイメージを共有してもらうことが重要であろう[30]。あえて言語化するのであれば、心神喪失は「行為者を処罰するこ

---

(28)　この点について、山口厚ほか「現代刑事法研究会（第３回）・責任能力」ジュリ1391号（2009年）92頁〔河本雅也発言〕などを参照。

(29)　この点について、安田・前掲注(27)156頁以下は、「もともとの人格」の意義は「残された正常な精神機能」という意味に解されるべきだとする。

とはおよそ許されない」というレベルであり、また、心神耗弱は必要的に刑が減軽されることから、「いかなる重大な犯罪を犯したとしても、行為者を死刑にすることは許されない」というレベルになるだろうか。この点に関する判断基準が、今後の実務の積み重ねによって明確化されることを強く期待したい[31]。

（はしづめ・たかし）

---

(30)　この点について、佐伯・前掲注(2)30頁を参照。

(31)　なお、裁判員裁判と責任能力をめぐる問題としては、精神鑑定と法律判断の限界設定が重要な問題となる（たとえば精神鑑定で心神喪失・心神耗弱という責任能力の結論までを示させるべきか、それとも、もっぱら生物学的要素が意思決定に与えた「機序」の説明までにとどめさせるか、など）。この点については、精神医学者の側からも、精神医学の判断と法律上の判断を明確に峻別して、責任能力の判断構造を明確化しようとする意図から、8段階（ステップ）の説明モデルが提唱されており、きわめて注目される。詳細は、岡田幸之「刑事責任能力判断と裁判員裁判」ひろば67巻4号（2014年）41頁以下を参照。

第4章
裁判員裁判と量刑

早稲田大学法学学術院（大学院法務研究科）教授
元東京地方裁判所判事　　**稗　田　雅　洋**

Ⅰ　は じ め に
Ⅱ　国民の司法参加と量刑について
Ⅲ　量刑の基本的な考え方について
Ⅳ　行為の社会的類型と量刑データベース
Ⅴ　量刑評議の実情
Ⅵ　量刑傾向の法律的意味と量刑評議
Ⅶ　裁判員裁判における量刑判断

Ⅰ　は じ め に

　平成21年5月に裁判員制度が施行されて既に8年余りが経過した。平成29年8月末までに、既に、10,342人の被告人が、裁判員が参加する合議体によって審理され、終局判決を受けている[1]。この間、当職は、東京地方裁判所と千葉地方裁判所で、合計80人の被告人の裁判員事件で裁判長を務めた。本日は、その経験を踏まえて、裁判員裁判と量刑についてお話ししたい[2]。

Ⅱ　国民の司法参加と量刑について

1　世界の国民参加制度

　今回の記念講演会の初回で松澤先生が説明されたとおり、国際的にみる

（1）　最高裁判所ウェブサイト・裁判員制度・第28回裁判員制度の運用に関する有識者懇談会配付資料・裁判員裁判の実施状況について（制度施行～平成28年9月末・速報）表3による（http://www.courts.go.jp/saikosai/vcms_lf/808281200 3.pdf）。
（2）　本稿は当職が東京地方裁判所在職中のものである。

と、国民の司法参加の制度は様々なものがある。

　例えば、イギリスや、かつてイギリス連邦に属し、イギリス法の影響を強く受けるカナダ、オーストラリア、ニュージーランドなどは、陪審制度をとり、有罪・無罪について国民から選ばれた陪審員のみで判断するが、有罪の場合に科すべき刑罰の重さ（量刑）の判断には国民は関与しない。アメリカも、イギリス法の影響が強いことから基本的に同様の制度をとるが、州によっては死刑の選択に関して陪審員が関与するところもある。

　これに対し、ヨーロッパ大陸諸国であるドイツ、フランス、イタリアなどでは、裁判官と国民から選ばれた参審員が一緒に議論して、被告人が有罪か無罪かを判断するとともに、有罪の場合の量刑も判断する参審制度を採用する。日本の裁判員制度も同様である。

　さらに、北欧のデンマークのほか、ドイツ法の影響の強いオーストリア、スイス等、事件の種類によって陪審制度と参審制度を併用している国もある[3]。

2　ドイツの参審制度と日本の裁判員制度

(1)　ところで、当職は、1994年にドイツで半年間にわたり参審制度の実情調査を行ったことがあるが[4]、ドイツの裁判官にインタビューすると、判決結果に対する参審員の影響力は、量刑において比較的大きいという意見で一致していた。そして、当職の経験によれば、このことは日本の裁判員制度においても同様である。これは、事実認定において裁判員の影響力が小さいという意味ではなく、評議の実情として、事実認定においては、同じ証拠に基づいて常識に従って議論していけば、裁判員、裁判官を問わず、意見が一致することが多く、多数決によって結論を出すことは少ない。これに対し、量刑については、数多くの事件を経験している裁判官の間でも意見が異なり、ある程度の幅が出る。これまで量刑について判断した経験がなく１件のみに

（3）　もちろん、オランダなど刑事裁判に国民が参加する制度がない国もあるが、その数は少ない。

（4）　その調査結果は、最高裁事務総局『陪審・参審制度ドイツ編』（2000年、法曹会）参照。

II　国民の司法参加と量刑について　　79

参加する裁判員の間では、なおさら意見の幅が広くなる。

　(2)　これに加え、日本の刑法の特徴として、法定刑の幅が非常に広いという点も考慮する必要がある。

　例えば、ドイツの刑法[5]では、同じ殺人でも謀殺と故殺に分かれ、謀殺（謀殺嗜好から、性欲を満足させるため、強欲さから若しくはその他の下劣な動機から、陰湿に若しくは残忍に、若しくは、公共にとって危険な手段を用いて、又は、他の犯罪行為を可能にし若しくは隠蔽するために、人を殺害した者）については終身刑しか定められていないのに対し、故殺（人を殺害したが謀殺者ではない者）については、5年以上15年以下の自由刑が定められている。ただし、故殺者でも、犯情が特に重い事案では、終身刑を言い渡すこともできるし、犯情が余り重くない故殺の事案（被殺者が、故殺者若しくは親族に対して、虐待若しくは重大な侮辱を加えたことから、故殺者が、その落ち度ではなく、怒りにかき立てられ、その場で行為を行ったとき、または、その他犯情が余り重くない事案であるとき）では、1年以上10年以下の自由刑という減軽類型も定められている。

　また、強盗罪の基本類型（人に対する暴行を用い、または、身体若しくは生命に対し現在の危険を及ぼす旨の脅迫を用いて、違法に自ら領得又は第三者に領得させる目的で、他人の動産を他の者から奪取した者）については、1年以上15年以下の自由刑が定められているが、犯情が余り重くない事案では、6月以上5年以下の自由刑が定められ、他方、犯情が重い類型として、加重されるための具体的な構成要件を定めて、3年から15年の自由刑（例えば、凶器等を携帯していた場合や、重い健康障害の危険にさらしたときなど）、或いは5年から15年の自由刑（例えば、凶器等を用いた場合や、死の危険にさらしたとき等）という刑の加重類型が定められている。

　このように、ドイツの刑法では、具体的な要件を明示した加重類型、減軽類型を定めて法定刑が定められており、比較的法定刑の幅が狭くなっている。

　これに対し、日本の刑法では、殺人罪（刑法199条）に謀殺と故殺の区別は

---

(5)　以下、ドイツにおける各犯罪構成要件と法定刑の説明は、法務省大臣官房司法法制部編「ドイツ刑法典」（2007、法曹会）による。

なく、その法定刑は、死刑、無期懲役刑又は5年以上の有期懲役刑と定められている。酌量減軽（刑法66条が定める事件の内容から法定刑の下限でも重すぎると判断される場合の刑の減軽）の可能性も考慮すると、有期懲役刑の幅は2年6月以上30年以下という非常に広いものとなり、しかも、3年以下の懲役刑の場合には、執行猶予の可能性さえある。

やはり裁判員対象事件である強盗致傷罪（刑法240条前段）の法定刑は、無期懲役刑又は6年以上の有期懲役刑と定められており、酌量減軽の可能性を考慮すると、無期懲役刑のほか、有期懲役刑の幅は3年以上30年以下と非常に広く、懲役3年であれば執行猶予とすることもできる。

このように非常に幅広い法定刑の中で、個別の事件において適切な量刑をするということは、大変難しい判断となる。特に同様の事件で量刑が大きく異なるということになると、公平性を欠くことになり、被告人、被害者等の事件関係者はもとより、社会全体が納得できないことになりかねない。

3 裁判員裁判における量刑判断に向けた準備

このため、日本では、裁判員制度導入前、裁判官のみで判断していたときには、幅広い法定刑の中で公平な裁判を目指す意識が強く、裁判官が詳細に過去の同様の事件の量刑を調査した上で判断しており、当職がドイツで見聞したところと比較すると、法定刑の幅が広い日本の方が、同様の事件における量刑の幅は、かえってドイツよりも狭いという実務が行われていた。

ところが、裁判員制度が導入され、国民に刑事裁判に参加していただくに当たって、裁判官のみで行っていたときと同じような量刑判断の方法を裁判員に求めることでよいのかということが問題となった。

まず、初めて刑事裁判に参加する裁判員に、数多くの同様の事件の量刑判断を厳密に比較・検討して判断することを求めるというのは、現実的とは思われない。また、前述のとおり、量刑というのは、判断する人の価値観が反映する分野であり、多様な価値観を有する国民から選ばれた裁判員に参加を求める以上、その意識の変化に応じて量刑傾向が変化していくことも当然にあり得るところである。その意味で、裁判員に過去の量刑との厳密な比較・検討を行うことを求めるべきではないともいえる。

とはいえ、同様の事件であまりにも異なる量刑が行われては、公平性を欠き、事件関係者、社会全体の納得を得ることができない。そこで、裁判所では、裁判員制度の施行に備え、量刑の公平性を維持した上で国民の多様な価値観を量刑に反映することを両立するため、量刑の基本的な考え方を整理し、裁判員に説明できるようにするとともに、大きな量刑傾向を裁判員に容易に把握してもらうための量刑データベースを用意した。

Ⅲ　量刑の基本的な考え方について[6]

1　刑法の量刑に関する考え方

　刑法には、量刑はこのように行いなさいということを定めた規定はない。わずかに、刑事訴訟法248条が検察官の不起訴処分について「犯人の性格、年齢及び境遇、犯罪の軽重及び情状並びに犯罪後の情況により訴追を必要としないときは、公訴を提起しないことができる」と定めていることが参考になるといわれているが、考慮要素を理論的な整理もなく並べているだけで、量刑の基本的な考え方を示しているとは思われない。

　しかし、刑法がそれぞれの犯罪類型について、どのような法定刑を定めているかを検討すると、刑法の量刑に関する考え方がうかがわれる。例えば、身体・生命に対する侵害に関する罪についてみると、暴行罪（刑法208条）の法定刑は、2年以下の懲役、30万円以下の罰金、拘留、科料とそれほど重くない。ところが、傷害罪（同法204条）になると、50万円以下の罰金の可能性は残るものの、最高刑は15年以下の懲役とかなり重くなり、法定刑の幅が非常に広くなる。これは、傷害という結果が生じていることに加え、傷害の結果は、数日で治癒する打撲などから、重いものでは、生命は奪われなかったものの、重い後遺症が残ったり植物人間となったりするものまで、非常に幅広いことから、これに対応できるようにしたものと考えられる。そして、単に結果が重いというだけではなく、そのような重い結果が生じた以上、その行為の態様も危険で悪質なものであることが多いことも考慮されているはず

（6）　裁判員裁判における量刑評議の在り方については、『司法研究・量刑評議の在り方』を、特に量刑の基本的考え方については、同3頁以下を参照。

である。

　また、傷害行為の結果相手が死亡した場合、傷害致死罪（刑法205条）として、3年から20年の懲役刑となる。傷害罪よりも刑の上限が20年に引き上げられているだけではなく、下限が3年と重くなっているのは、死亡という重大な結果が生じている以上、この程度の刑は最低限必要という判断であろうし、相手が死亡するような行為の危険性、悪質性も考慮されているはずである。このように、法定刑の重さには、行為の危険性、悪質性と結果の重大性が反映しているといえる。

　さらに、刑法は、殺人罪について、死刑、無期懲役刑、5年以上の懲役刑を定めている。同じ人の生命を奪う罪である傷害致死よりも、下限が懲役5年に引き上げられるとともに、死刑や無期懲役刑まで可能となっているのは、単に結果の重大性に着目しただけではなく、そのような重大な結果を生じる危険性の高い行為であることを認識しながら犯行に及んだことについて、強い責任非難が加えられるべきだからである。つまり、刑法は、行為の危険性・悪質性、結果の重大性に加えて、そのような行為に及んだ経緯や動機、認識・意図等について、どの程度の責任非難が加えられるかということも考慮している。

　このような刑罰の重さに関する刑法の基本的な考え方からすると、量刑の基本的な考え方としても、まず、犯罪行為に関連する事情（いわゆる「犯情」）が重視される。つまり、①法益侵害の程度とその態様の危険性・悪質性（行為の客観的な重さ）と②その行為をしたことについて、被告人をどの程度非難できるか（犯行に及んだ経緯・動機、認識・意図等）に関わる事情という「犯情」から、犯罪行為の責任の程度（**行為責任の程度**）が決まり、これをベースにあるべき量刑の幅を考えることになる。その上で、③犯行後の事後的事情である被害者に対する弁償や示談の有無、被害者や遺族の処罰感情のほか、被告人の犯罪傾向を示す前科や性格、反省の程度や更生可能性といった犯罪事実自体に関わらない事情は、いわゆる「**一般情状**」として、犯情により定まる量刑の幅の中で、具体的に被告人に対してどのような刑罰を科すかということを検討する上で考慮する調整要素となる。ただし、調整要素とはいっても、例えば、被害弁償や示談の有無、被告人の前科などは、事件によって

は量刑上大きな意味を持つことに留意する必要がある。

2 刑罰の本質論と量刑

ところで、刑法が、犯情を重視して法定刑を定めているのは何故であろうか。これは、刑罰の本質論に関わる問題である。

刑罰の本質論については、大きく分けて**応報刑**（行った犯罪に対する報いとしての制裁）、**一般予防**（社会一般に犯罪を行った場合に科される制裁を示すことによって、一般人が犯罪に及ぶことを予防する）、**特別予防**（刑罰を科すことによってその犯罪者自身が再び犯罪に及ぶことを予防する）という考え方がある。これについては、刑法学界において様々な議論があり、現在は裸の**応報刑論**に依拠する見解は少ないと思われるが、刑事裁判実務においては、**一般予防**、**特別予防**の観点も考慮するものの、最も重視されているのは**応報刑**の考え方である。

これを前提として、当職は、量刑評議に際して、裁判員に対し、刑罰の本質論についても意見が分かれるところであり、個人的な見解であると断った上で、①古代から中世にかけて、犯罪の被害を受けた被害者やその親族、その属する共同体が、犯罪を行った者やその属する共同体に対して私的に報復・制裁することが行われてきたこと、②近代国家が成立する際に、そのような私的制裁を認めていては、社会秩序を維持できなくなるため私的制裁を禁止し、国家が刑罰権を独占したこと、③このため、犯人が行った行為の危険性、悪質性や結果の重大性に即して、被害者やその親族を含む社会共同体が納得のいく刑罰を科さなければ、被害者やその親族はもとより社会が納得せず、その秩序を維持できないことから、犯人が行った行為内容を前提として、その報いとして相当な刑罰を科す必要があることなど、基本的に**応報刑**の考え方に基づく説明をする（ただし、被害者の納得といっても、被害者個人の主観的な処罰感情によると不公平が生じかねないことから、あくまでも被害者、親族を含む社会が納得のいく刑罰という趣旨ということも説明する）。

一般予防の観点については、この考え方によっても行った犯罪の危険性・悪質性や結果の重大性、これに対する非難の程度を基本として、これに応じた刑罰を科すことを明らかにすることが一般予防に資するということにな

る。ただし、一般予防の観点を強調すると抑止の必要が高い犯罪類型に対して厳罰をもって臨むということもあり得るが、この点は、個別事件の量刑というよりも、通常、立法政策に反映されることになる。例えば、日本の刑法典において、財産犯の法定刑が自由に対する罪の法定刑よりも重いのは、ヨーロッパ諸国の影響を受けて刑法典が制定された19世紀末から20世紀初頭当時の私有財産尊重の価値観が、**一般予防**の考え方を通じて、立法政策に影響したといわれている[7][8]。

さらに、**特別予防**の観点については、被告人が再犯に及ぶことなく更生することが望ましいことは間違いなく、特に刑事収容施設における受刑者に対する処遇の在り方や、仮釈放の運用、執行猶予制度、保護観察制度の適用・運用には特別予防の観点が必要不可欠である。最近、刑の一部の執行猶予制度が導入されたが、この制度は、**特別予防**の観点をこれまでより重視したものといえる。そのような意味で、量刑においても、**特別予防**の観点に配慮する必要がある。ただし、量刑において**特別予防**の観点を強調しすぎると、例えば非常に危険な態様による悪質な殺人事件の被告人について、実は犯罪傾向のない良い人であり、たまたま殺人に及んだのであるから、更生のために重い刑罰を科す必要はないというだけの理由から、非常に軽い刑（場合によっては懲役刑の執行猶予）にした方がよいということになりかねないが、それで被害者やその親族、社会一般が納得するであろうか。他方で、被害者の傷害が重くなく、犯行態様もそれほど危険でも悪質でもない傷害事件の被告人について、前科はないものの日頃から様々な問題行動を繰り返し他人に迷惑ばかりかけており再犯のおそれが高いという理由から、重い懲役刑の実刑を科したら、被告人は納得しないであろうし、社会一般も刑罰はどのような基準で科されるかについて当惑することになりかねない。

このようにみてくると、量刑においては、**一般予防**や**特別予防**の観点も考

（7）　当職がドイツでインタビューした裁判官も、ドイツ刑法において、やはり自由に対する犯罪よりも財産犯の法定刑が高いのは、19世紀後半の私有財産保護重視の法意識が反映されていると指摘していた。

（8）　現在、強盗罪（刑法236条）等と比較して強姦罪等の法定刑が軽いことが批判され、強制性交等罪（同法177条）等に改正されたことも、社会一般の意識の変化が、応報、一般予防の両面において立法政策に影響しているものとして理解できる。

慮すべきであるものの、犯情を重視する**応報刑**の考え方を基本とすることによって、行われた犯罪行為に関する事情に応じた公平な量刑を実現でき、被告人、事件関係者、社会一般の納得を得られることにつながると思われる。そして、これが犯情を重視し一般情状を調整要素とする量刑の基本的な考え方の基礎にある。

Ⅳ　行為の社会的類型と量刑データベース

1　行為の社会的類型の考察

　ところで、日本の刑法典の幅広い法定刑の中で、行為責任をベースにして量刑を考えるに際しては、実務上、行為責任の観点から行為の社会的類型を考えることが有益と考えられている。例えば、同じ殺人罪でも、①金銭トラブルに基づく殺人のように経済的利益が動機となるものと、②喧嘩の際の偶発的な殺人、③介護疲れによる殺人とでは、犯行に至った動機・経緯に対する非難の程度が大きく異なっていると評価されている。つまり、①は利欲的な目的で人の命を奪うという意味で、非常に強く非難されるのに対し、②は、軽率な行為によって人の命を奪うこと自体は強い非難に値するものの、利欲的目的による①の場合と同程度に強く非難されるわけではない。そして、③は、人の命を奪うこと自体は非難されるべきであるが、その経緯・動機には同情の余地が大きく、これに対する非難の程度は①や②よりも低くなる。

　また、同じ強盗致傷罪でも、④家屋や店舗に対する侵入強盗と、⑤通りすがりの通行人を襲う路上強盗、⑥窃盗犯が逮捕を免れるために行った事後強盗では、犯行の危険性と結果、犯行に至った経緯・動機に対する非難の程度が異なると評価されている。つまり、⑤の路上強盗も、通りすがりの通行人を襲うという意味で被害者に与える衝撃が大きく、悪質で危険な犯行であるものの、④の侵入強盗は、本来安全であるべき住居や店舗等に押し入っての犯行という態様自体の悪質性に加え、計画性が認められたり、凶器を用いたりする事件が多いなど、危険性が高い事件が多いことから、⑤の路上強盗よりも類型的に犯情が重いことが多い。これに対し、⑥の事後強盗致傷は、元々窃盗に及ぼうとしたのであり、強盗となったのは偶発的な事情によるこ

とから、④の侵入強盗や⑤の路上強盗よりも類型的に悪質性や危険性が低い ものが多い（とはいえ追いかけてきた店員を刃物で刺して重症を負わせたといった 事案では、やはり重い量刑となる事例もある）。

2 量刑データベースについて

(1)　このように、同じ犯罪であっても、行為の社会的類型により、量刑傾 向が異なってくることが多い。そして、前述のとおり、初めて刑事裁判に参 加する裁判員に過去の同様の事件の量刑を厳密に検討することを求めるのは 現実的ではない上、国民の意識の変化に応じて量刑傾向が変化していくこと も当然にあり得るところであって、過去の量刑判断との厳密な比較検討を求 めるべきではないものの、他方で、同様の事件についての量刑の公平性を維 持する必要を考慮すると、裁判員には、過去の量刑判断の厳密な検討を求め るのではなく、行為の社会的類型に応じた量刑傾向を大まか把握してもら い、これを前提として量刑に関する評議を行うことが有益である。

　そこで、最高裁判所事務総局が、このような観点から、裁判員制度施行後 の裁判員が参加した対象事件全件を対象とする量刑データベースを整備し、 裁判員裁判の評議室において、評議の内容に応じて検索し、その結果を大型 モニターに表示して検討できるようにしている。評議中に検索条件を入力す ると、これに合致する事件の量刑分布を棒グラフ等で示すとともに、事例一 覧により各事件の大まかな内容を確認することもでき、必要に応じて、個別 の事件の内容も、簡略なものではあるが確認できる。

　この量刑データベースは、裁判官と裁判員のほか、裁判員事件を担当する 検察官と弁護人も、裁判所に設置された端末を使ってデータを検索し、これ を前提として、公判審理において、量刑に関する主張・立証を行うことがで きるようにしている。

　ただし、高度の個人情報を含むものであるため、その利用は事件関係者に 限定されており、一般には公開されておらず、他目的利用も許されないこと から、本稿でそのデータを示すことができないことについては、ご容赦いた だきたい。

　量刑分布を示す棒グラフは、イメージとしては、次のようなグラフで表示

Ⅳ　行為の社会的類型と量刑データベース　　87

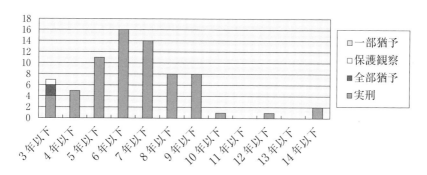

される（あくまでもイメージであって、実際のデータとは異なる）。

　実際の検索に際しては、例えば、処断罪、処断罪と同じ罪名の件数、単独犯か共犯か、動機（殺人であれば前記のとおり金銭関係、けんか等）、被害者との関係（家族、知人、無関係等）、態様（強盗致傷であれば、前記のとおり侵入強盗、路上強盗、事後強盗、凶器使用の有無等）、強盗致傷罪であれば被害者の傷害の程度や被害金額、同種前科や累犯前科の有無といった検索項目を入力し、絞り込んだ事件について、前記イメージのような形で量刑分布の棒グラフによって同じ社会的類型の事件の量刑傾向が示される。そして、事例一覧表を参照することにより、同じ社会的類型の事件の中で、量刑が重い事件と軽い事件の特徴を確認することができる[9]。

　(2)　例えば、**単独犯による殺人1件**全体の量刑分布は、無期懲役、懲役30年から懲役2年以下の有期懲役、懲役刑の執行猶予まで幅広い。

　この単独犯による殺人1件について、動機が喧嘩という社会的類型で絞り込んだ量刑傾向と、動機が金銭トラブルという社会的類型で絞り込んだ量刑傾向をグラフで見ると、金銭トラブルを動機とする事件の量刑傾向は、喧嘩を動機とする事件の量刑傾向よりも、類型的に重いといえる。これは、前述のとおり、利欲的な動機から殺人を犯すということに対し、より強い責任非難が加えられることが影響していると思われる。

　逆に単独犯による殺人1件について、動機が介護疲れという社会的類型で

---

(9)　以下、量刑傾向に言及する場合は、特に明示しない限り、記念講演会が行われた平成28年7月時点のデータに基づく。

絞り込んだ量刑傾向のグラフを見ると、喧嘩や金銭トラブルを動機とする殺人よりも、明らかに量刑傾向が軽くなっている。前述のとおり動機・経緯に同情すべき場合が多く、責任非難が軽減されることが影響していると思われる。

(3) 次に、**単独犯による強盗致傷1件**全体についての量刑傾向をみると、懲役3年以下から16年以下まで幅広く分布し、執行猶予となっているものもある程度ある。ところが、この単独犯による強盗致傷1件について、侵入強盗という社会的類型の量刑傾向を見ると、全体よりも量刑分布の中心が重くなっている。

これに対し、単独犯による強盗致傷1件のうち路上強盗という社会的類型の量刑傾向を見ると、侵入強盗と比較すると軽めの量刑も多い。これは、前述のとおり、侵入強盗は、住居や店舗等に押し入っての犯行という態様自体の悪質性に加え、計画性が認められたり、凶器を用いたりするなど、危険性が高い事件が多いことが影響していると思われる。

さらに、単独犯による強盗致傷1件のうち事後強盗致傷の社会的類型の量刑傾向をみると、侵入強盗、路上強盗と比較して、明らかに量刑傾向が軽くなっている。これは、前述のとおり、事後強盗事案においては、被告人は窃盗に及ぼうとしたのであり、強盗となったのは偶発的な事情によることが影響していると考えられる。

さらに、事後強盗は単独犯が通常なのに対し、侵入強盗、路上強盗では共犯事件が少なくなく、これについては更に量刑が重くなる傾向がある。

3　量刑データベースを用いた量刑の議論

(1) このように、同じ犯罪でも、行為の社会的類型によって、量刑傾向が異なっているところ、量刑データベースの分布グラフにより、それぞれの社会的類型の量刑傾向を大まかに把握することができる。

その上で、事例一覧を見るなどしながら、同じ社会的類型の中で重い量刑となっている事件の特徴と軽い量刑となっている事件の特徴を確認することもできる。例えば、強盗致傷罪では、暴行・脅迫の態様が強度で危険であったり、被害者の傷害の程度が重い事件のほか、同種の前科や累犯前科、その

他量刑上考慮すべき前科があったり、処断罪以外にも起訴された犯罪がある事件の量刑が重いことが多く、他方、被害弁償や示談が行われている事件の量刑が軽いことが多いことがわかる。

　このように、行為の社会的類型毎の量刑傾向について量刑データベースを用いて示しながら、起訴された事件がどのような社会的類型に当たるかを検討し、さらに、個別の事件で認められる事実を前提として、その事件がその社会的類型の中で重い方に位置付けられるか、軽い方に位置付けられるかという観点から、量刑について議論すれば、その事件についてあり得る量刑の幅を具体的な数値として考えることができる。

　⑵　ただし、量刑データベースを用いる際、裁判員には、事件はそれぞれ異なる事情があることから、量刑データベースはあくまでも大まかな量刑傾向を見るためのものであり、似た事件を探してそれにならうということはしないように注意喚起している。これは、たまたま似た事件を見つけたとしても、その事件の量刑が全体の量刑傾向を反映しているとは限らないし、過去の似ている事件どおりの量刑をするというは、国民の多様な観点から議論して結論を得るという裁判員制度の趣旨に沿うとは思われないからである。そのため、量刑データベースに搭載される情報も、大まかな量刑傾向を把握できる情報に限定しており、細かい比較をできるような詳細な情報は登載していない。

V　量刑評議の実情

1　量刑評議の進行例

　このような量刑の基本的な考え方を前提として、どのように個別の事件で量刑を議論していくかという量刑評議の道筋については、担当裁判官（特に裁判長）の考え方とそれぞれの事件内容によって異なる[10]。

　当職の場合には、次のように進行することが多かった。

---

(10)　量刑評議の実際については、刑弁80号（2014年）16頁以下の座談会及び東京3弁護士会主催の模擬評議の報告（第一東京弁護士会会報500号46頁以下）参照。

量刑評議の進行の一例（当職の場合）

＊実際には、「進んでは戻り」の繰り返し！

① 量刑の基本的考え方の説明

② 被告人の行為、結果、経緯・動機、意図・認識等の確認

③ 被告人の行為の社会的類型の確認

④ 検察官・弁護人の量刑上の主張の確認

⑤ 量刑データベースを利用した量刑傾向の確認

  （他の犯罪、他の社会的類型との対比も）

⑥ 量刑上ポイントとなる事実に関する意見交換

  とりあえずの量刑意見と重視する事情に関するアンケート

  →ホワイトボードに整理（犯情→一般情状）

  →犯情に関する意見交換→量刑幅の数量化

  （社会的類型の中での位置付け）

⑦ 一般情状に関する意見交換（数量化の調整）

⑧ 量刑の評決

　基本的には、①量刑の基本的な考え方を説明した上で、②証拠上認められる被告人が行った行為の内容とその結果、その経緯や動機、意図等を確認する。公訴事実記載の犯罪の成立に争いがない場合でも、犯行に至る経緯や動機、意図、犯行の態様等について争いがあることも多いことから、このような犯情に関する事実について証拠上どこまでの事実が認められるかを確認することは、量刑を考える出発点として非常に重要である。そして、これを前提として、③被告人が行った行為の社会的類型を確認するとともに、④検察官の論告、弁護人の弁論が量刑上重視すべきと主張するポイントについて、その趣旨に不明な点がないかを確認する。その上で、⑤量刑データベースを利用して被告人の行為の社会的類型について量刑傾向を確認し（その際、その社会的類型の量刑傾向の意味を理解するために、他の社会的類型の量刑グラフ、場合によっては、他の犯罪の量刑グラフとのを示して比較してもらうことも少なくない。例えば、殺人罪についての量刑傾向を確認する際に、傷害致死罪に関する量刑傾

向と比較して、その違いを確認し、その理由を議論することは量刑傾向を理解する上で有益である）、⑥その事件で量刑上ポイントとなる事実に関する意見交換をし、その社会的類型の量刑傾向の中で、どの程度の重さと位置付けられるかを検討し、これを前提とした量刑の幅を考える（量刑の数量化）。さらに、⑦一般情状の考慮について議論する（数量化の修正）という道筋を辿る。このうち、特に⑤の量刑データベースを利用した量刑傾向の確認をどの段階で行うかは、裁判長・構成裁判官の考え方により異なる。

そして、当職の場合には、⑥の量刑上ポイントとなる事実に関する意見交換の段階で、裁判員、裁判官の全員から、その時点での量刑に関する暫定的な意見と（2～3年の幅）、量刑上重視している事項を記載した無記名のアンケートを行い、その結果を、主任裁判官（通常は最も若い陪席裁判官）が、犯情に関する①行為の危険性・悪質性、結果の重大性に関する要素、②行為に及んだ経緯・動機、意図・認識等の非難可能性に関する要素、③一般情状に関する要素に分けて整理してホワイトボードに記載した上で、これを見ながら①から③の順に量刑に関する意見交換を行うことにしている。このような方法を採ることにより、口頭で自分の意見を述べることが苦手な裁判員についても、アンケートに書かれた意見を拾い上げて議論の対象にすることができる。また、裁判員の意見について、まずは犯情から議論し、被告人の反省や被害弁償、再犯のおそれといった一般情状はその後に議論することによって、その位置付けを意識してもらいながら、意見交換をすることができる。

ただし、評議は、参加している裁判員の考えにより多様な展開を遂げるので、個々の論点について結論を留保して先に進み、後から戻って議論することや、一度議論し結論を出したことについても、後から裁判員から疑問や躊躇が示された場合には、前に戻って議論し直すことも少なくない。要するに「進んでは戻り」の繰り返しにより徐々に結論に近づいていく。

いずれにしても、こうした点について議論を経た上で、⑧最終的な量刑に関する評決を行う。

2　量刑評議における議論の位置付けと実情

⑴　そして、行為責任の見地から第1次的に犯情により量刑の幅が定まる

という量刑の基本的な考え方は、刑法の解釈として構成裁判官の合議による判断事項であり（裁判員法6条2項1号）、量刑評議に入るに際し、裁判官が裁判員に説明する（自白事件で量刑が争点の場合には、審理の早い段階の休憩中に説明し、犯罪事実に関する事情に注目するよう注意喚起する）。

また、裁判員がこの考え方に反する意見を述べる場合（例えば、被告人の犯罪傾向を重視して、起訴された犯罪事実の量刑傾向からかけ離れて重い量刑を主張したり、逆に、犯情の悪質性、重大性を認めながら、被告人の性格に同情し、その更生の観点を極端に重視して軽い量刑を主張したりする場合）には、改めて行為責任の見地から犯情が量刑の基礎となることを説明して理解を求める。

他方、犯情と一般情状を含めた種々の量刑要素を考慮した上での量刑の結論は、基本的には法令の適用に関する総合判断として、裁判員と裁判官の合議で決めるべきことであり（裁判員法6条1項2号）、前述のような議論を経た上で、裁判員と裁判官の評決により決めることになる。

(2) このような評議における意見交換を通じて、多くの事件では、最初のアンケートの際の裁判員の量刑意見は、重い方、軽い方とも、幅広いことが多いが、量刑データベースを参照するとともに、他の裁判員の意見を聴いて考えることを通じて、次第に量刑意見の幅が狭まり、最終的に多数決により結論を出しても、全ての裁判員にとって違和感のない程度に集約されていることが多い。

VI 量刑傾向の法律的意味と量刑評議

1 量刑傾向の法律的意味に関する最高裁判例

(1) このように裁判員との量刑評議においては量刑傾向が大きな役割を果たすわけであるが、量刑傾向には法律上どのような意味があるのか。量刑の基本的考え方の理解と量刑評議の実情を前提とした上で、量刑傾向の法律的意味に関する最高裁判例を検討してみる。

最（一小）判平成26・7・24刑集68巻6号925頁は、繰り返し暴行を加える中、夫である被告人が当時1歳の娘を平手打ちにして頭を床に打ち付けさせるなどの暴行を加えて死亡させたという傷害致死事件（いわゆる「寝屋川事件」）について、量刑傾向自体は法規範性を持つわけではないとしながら

も、従来の量刑傾向の幅を大幅に超えた1審判決とこれを維持した控訴審判決を甚だしく不当な量刑判断として取り消した。これは、量刑不当という判断であるが、法律審である最高裁が破棄した以上、著しく正義に反するという判断であり、実質的には著しく公平を欠いて違法との判断と理解してよい。

注目すべきなのは、この判決で、最高裁は、裁判員制度の趣旨に照らして、従来の量刑傾向を変容させる意図を持って量刑を行うことも、裁判員裁判の役割として直ちに否定されるものではないとしながらも、そのためには従来の量刑傾向を前提とすべきでない事情の存在について、具体的・説得的に判示すべきであるが、これが示されていないと指摘している点である。つまり、量刑傾向には法的な拘束力はなく、国民の意識が反映されることにより量刑傾向が変更されること自体は否定されないが、そのためには、従来の量刑傾向を前提とすべきでない事情の存在について具体的・説得的に示す必要があるとしているわけである。裁判員が参加した総合判断の結果である量刑の結論自体を直接批判するのではなく、結論に至る説明が不足しているということを取り上げて違法判断をしており、要するに前提としての評議不足、裁判官の説明不足を指摘していると思われる。

(2)　この判例の趣旨を考えるため、自分の子供に対する虐待による傷害致死の事件の量刑傾向を量刑データベースで見ると、裁判員制度施行後この事件の1審判決（大阪地判平成24・3・21刑集68巻6号948頁）以前に出された判決の量刑分布で、最も多いのは懲役3年以下で、そのうち半数弱が執行猶予となっており、最高で懲役10年に止まっていた。検察官は、これを前提として、本件の悪質性等を考慮し、量刑幅の上限である懲役10年の求刑をしたと思われる

それでは、最高裁は、この事件の評議と判決について、何が足りなかったとしているのか。事件の証拠関係と評議の状況を知らない者としては、判決からうかがわれるところからしかコメントできないが、この事件の1審判決の量刑理由を検討すると、次の点が気になるところである。すなわち、①その態様の悪質性から、本件の態様が殺人と傷害致死との境界に近いと指摘した上で、同種事犯のほか死亡結果について故意が認められる事案等の量刑傾

向（つまり殺人事件の量刑傾向）を参照しつつ、この種事犯におけるあるべき量刑等について評議を尽くしたとしていること、②その結果、検察官の求刑は、この事件で認められる種々の要素を十分に評価したものとは考えられないとしていること、③量刑データベースの内容も登載される数も限られ、内容も不十分であるとした上で、そうであるならば、児童虐待を防止するための近時の法改正からうかがえる児童の生命等尊重の要求の高まりを含む社会状況にかんがみ、本件のような行為責任が重大と考えられる児童虐待事犯に対しては、今まで以上に厳しい罰を科すことがそうした法改正や社会情勢に適合すると考えられるとして、傷害致死罪に定められた法定刑の上限に近い刑を科していることである。

　この事件の内容は、確かに子供に対する傷害致死事件の中では悪質で、被告人に対する非難の程度も強く、その犯情から重い量刑が想定される。しかし、1審判決が、従来の量刑傾向を大幅に上回る量刑を行うことについて、被告人を含む関係者や社会全体が納得できる説明を行っているかという観点からみると、量刑傾向に関し、量刑データベースに登載されたデータ数が限られ、量刑要素の把握も困難であり、その妥当性の検証ができないなどと指摘した上で、立法動向に言及しているが、この説明内容は、一般論としての量刑データの限界に言及するだけで、従来の量刑傾向にどのような問題があるのか、具体的な指摘がない。また、1審判決は、本件が傷害致死と殺人の境界の事例であることを示唆し、殺人の量刑傾向を考慮したことに言及している。確かに、各犯罪類型における量刑傾向の意味を把握するには、近接する犯罪類型の量刑傾向を参照することが有益であることも多い。しかし、1審判決の趣旨が、本件の悪質性から殺人の量刑傾向を参照し、これに従い傷害致死の量刑傾向を超える量刑をしたということであれば、むしろ、そのような検討を行う以上、傷害致死である本件において殺人に準ずる量刑を行った場合、例えば、この事案で殺意があった場合にはどの程度の量刑にするのか、その場合、他の傷害致死事件、殺人事件における量刑と整合するのか、それとも、他の傷害致死事件、殺人事件の量刑傾向も変更されるべきか、これが変更されていないのに本件について殺人事件に準ずる量刑を行った場合、他の傷害致死事件、殺人事件との関係で公平性を損なわないかについて

Ⅵ　量刑傾向の法律的意味と量刑評議　95

も検討し、それが適切妥当かについても配慮した議論を行うべきである。

　他方、この最高裁判決は、量刑傾向を大幅に超える量刑をした1、2審判決を取り消したが、その判示内容からすると、1、2審判決が従来の量刑傾向の上限を少し超える判断をしたとすれば、容認したのではないかと思われる。現に、この事件の1審判決の後、同種の児童虐待による傷害致死事件に関する判決が少なからず出ているところ、その中で量刑分布全体が重めにシフトし、懲役11年以下とした判決も出ている。本件1審判決後の4年の間でこの種事件の量刑傾向が徐々に重くなっていることが分かる。

2　死刑が求刑される事件の判断

　⑴　次に、裁判員裁判において死刑が求刑される事件の判断をどのように行うかは、裁判員にとっても裁判官にとっても難しい問題である。これに関し、最高裁第二小法廷は、平成27年2月3日に、裁判員が参加した1審の死刑判決を破棄して無期懲役とした2件の東京高裁判決を維持する決定を出した（刑集69巻1号1頁及び同号99頁）。

　1件は、殺人等による懲役20年の服役前科を有していた被告人が、出所半年後に、強盗目的で被害者方マンションに侵入し、被害者を発見して、同人を殺害し金品を強奪しようと決意し、同人の頸部を包丁で突き刺して殺害したという事案であり（いわゆる青山事件）。東京高裁は、被告人が侵入時に殺害を決意していたとはいえず、1審判決が重視した被告人の前科の内容（口論の上、妻を殺害し、子の将来を悲観して道連れに心中しようとした）とは類似性が認められず、この前科を重視して死刑を選択することには疑問があるとして、1審の死刑判決を破棄して無期懲役刑とし、最高裁もこの判断を是認した。

　また、他の1件は、被告人が、千葉県松戸市内の被害女性方マンション居室に侵入し、帰宅した被害女性の金品を強取するとともに胸部を包丁で突き刺すなどして殺害したという住居侵入、強盗殺人と、被害女性の居室に再度侵入した上、死体周辺に火を放ち、死体とこの居室内を焼損したという建造物侵入・現住建造物等放火、死体損壊等からなる事件（いわゆる松戸事件）のほか、その前後の約2か月間に繰り返した女性5名に対する強盗致傷、強盗

強姦等の事案であり、東京高裁は、松戸事件における被害女性の殺害は計画的なものではないこと、松戸事件以外の事件は人の生命を奪って自己の利欲等の目的を達成しようとした犯行ではないことなどを指摘して、死刑を選択することが真にやむを得ないものとはいえないとして、1審判決を破棄して無期懲役刑としており、最高裁もこの判断を是認した。

⑵　この2つの事件における死刑選択の当否自体を検討することは、裁判員裁判における量刑評議・判断の在り方を考えるという今回の企画の趣旨に沿わない。

むしろ、裁判員裁判における量刑評議・判断の在り方という観点から注目されるのは、最高裁が、1審の死刑判決を破棄し無期懲役とした高裁判決を維持した2つの決定の中で、死刑を選択するに際して裁判員を含む裁判体に求めている事柄である。つまり、他の刑罰とは異なる究極の刑罰である死刑の適用に当たっては、公平性の確保にも十分に意を払わなければならないとした上で、①過去の裁判例の集積から死刑の選択上考慮されるべき要素及び各要素に与えられた重みの程度・根拠を検討しておくこと、②評議に際しては、その検討結果を裁判体の共通認識とし、これを出発点として議論すること、③その上で、死刑を選択することが真にやむを得ないと判断する具体的、説得的な根拠を示す必要があることを求めている。

これは、死刑については無期懲役刑との間で数量的な連続性がないため、懲役刑と同じ意味での量刑の幅を想定することができず、どのような事情が他の刑との質的な転換をもたらすものかを探る必要があることを考慮し、公平性の確保のため特に慎重な検討が必要ということを前提とする判断であろう。

そして、この3つの指摘は、結局、裁判官に、予め①の過去の裁判例の集積から死刑の選択上考慮されるべき要素及び各要素に与えられた重みの程度・根拠を検討しておくこと、②の評議に際してその検討結果について裁判員に説明し、共通認識を得られるようにすること、そして、③の死刑を選択する場合には、それが真にやむを得ないと判断する具体的、説得的な根拠を判決で示すことができるように、評議を行う必要があることを求めていると考えられる。

3　裁判員裁判対象事件の量刑傾向の変化

このような高裁、最高裁の裁判例をみると、結局は、裁判官の感覚による量刑を維持しようとして、国民の感覚を反映しようとはしていないのではという疑問を持つかもしれない。

しかし、実際には、裁判員制度施行後、裁判員裁判対象事件について1審判決を高裁が量刑不当で取り消す事件は激減し、ほとんどの事件では裁判員が参加した1審判決の量刑が維持されている。先程紹介した高裁、最高裁が1審判決を取り消した事例は、極めて例外的であるがために、注目されているのである。

そして、その結果、裁判員裁判対象事件の量刑傾向は、緩やかに変化しつつある。例えば、裁判員制度施行後、殺人未遂、傷害致死、強姦致傷（改正により強制性交等致傷）、強盗致傷等において、自由刑の実刑の量刑が1段階重くなっているが、他方で、殺人既遂、殺人未遂、強盗致傷等で執行猶予率が増加し、比較的短期の自由刑の実刑も増えていると指摘されている[11]。また、児童虐待による傷害致死の量刑分布が変化していることは、前述のとおりである。裁判員の多様な考え方を反映することを通じて、量刑の幅が広がりつつある。

そして、従来の量刑傾向の幅をはみ出す量刑判断についても、大幅に超えて公平性を欠くことにならない限り、高裁も最高裁も尊重していることが、このような量刑傾向の変化に繋がっていると思われる。

Ⅶ　裁判員裁判における量刑判断

このように、裁判員裁判における量刑判断においては、最終的な量刑の結論は裁判員と裁判官が法令の適用に関する総合判断として行うが、裁判官が量刑の基本的考え方と同種事件における量刑傾向を説明し、これを裁判員に理解してもらうことをベースとすることになる。そして、この量刑傾向の幅には法律的な拘束力はなく、国民から選ばれた裁判員が参加した結果、その

---

(11)　最高裁判所事務総局「裁判員裁判実施状況の検証報告書」（2012年）22頁、原田國男「裁判員裁判における量刑傾向」慶應法学27号（2013年）161頁。

量刑傾向の幅が相当でないということであれば、その理由をきちんと説明した上で、公平性を損なわない範囲で量刑傾向の幅を超える量刑を行うことも許容される。他方、裁判官には、量刑の基本的な考え方に反する量刑要素の考慮をしたり、具体的説得的な理由を示すことなく量刑傾向の幅を大幅に超える判断をしたりすることのないよう、きちんと裁判員に説明し、評議を尽くすことが求められている。

さらに、例えば、起訴されていない余罪を実質的に処罰する趣旨で量刑することが違法であることは確立した判例による法解釈であり、このような量刑上のルールをきちんと裁判員に説明し、守ってもらうことも裁判官の職責である（東京高判平成27・2・6東高刑時報66巻1〜12号4頁）。

とはいえ、こうした量刑上のルールを守った上で、裁判員の良識が反映されることによって量刑傾向が緩やかに変更されることは、裁判員制度が当然に予定していることであるし、前述のとおり、現にそのような変化が進んでいる。これは、国民の意識・感覚を裁判に反映させるという裁判員制度の趣旨に照らしても、当然の動向と考えられる。

以上述べてきたとおり、裁判員裁判における量刑判断は、裁判員の多様な意識・感覚を反映させながら、公平性を損なわないようにするという難しい面を持っている。しかし、これまでのところ、いくつかの例外的な事例（公平性を損なうとして取り消された事例）を除き、裁判員と裁判官が、真摯に事件に向き合い、議論を尽くすことによって、ほとんどの事件では、国民の意識・感覚も反映された、納得性の高い判断が出されていると思われる。

（ひえだ・まさひろ）

第5章
市民の規範意識と裁判員裁判

愛媛大学法文学部教授　松原　英世

　Ⅰ　は じ め に
　Ⅱ　裁判員制度の目的と効果
　Ⅲ　司法制度改革の背景にあるもの
　Ⅳ　刑事政策の担い手としての市民
　Ⅴ　市民の規範意識と討議

Ⅰ　は じ め に

　裁判員制度の導入によって、われわれはどう変わるのか。本稿では、こうした問いを念頭におきながら、市民が裁判に携わることの意義を考えてみたい。そのために、裁判員制度導入の目的や効果を、司法制度改革というより大きな文脈に位置づけて考察する。

　他方で、より小さな文脈、すなわち、刑事裁判の場で何が行われているのかについても検討する。一般的には、あらかじめ定められた法に従って判断がなされるだけ（すなわち、裁判は純粋に法技術の問題）と思われがちであるが、裁判はそれにとどまるものではない。もしそうならば、職業裁判官だけで裁判を行っても、そこに市民を加えても出てくる結論に大差はないことになるだろう（たとえそうであっても、後述するように、「それが訴訟を裁く人々にとってはきわめて有用であることは明らか」なのではあるが）。では、結論が異なるとして、なぜ、どのような仕方で異なってくるのだろうか。刑事裁判において市民の規範意識（価値判断）がどのように係わってくるのかに注目しながら、そのあたりのことを見ていくつもりである。

最終的には、刑事裁判について述べたことを、先に検討した裁判員制度導入の目的や効果、すなわち、市民が裁判に携わることの意義に繋げて、結論のようなものを示したいと考えている。

Ⅱ　裁判員制度の目的と効果

1　裁判員制度の目的

2004年5月、裁判員法が成立し、2009年5月から裁判員制度の運用が始まった。これによって、従来、職業裁判官のみで審理されていた日本の刑事裁判に国民も参加するようになった。こうした変化は、日本の刑事裁判における戦後最大の改革といって差し支えないと思われるが、それに投じられたコストは、法曹関係者だけでなく、広く国民にも及ぶきわめて大きなものであった。

では、なぜこのような制度を導入したのだろうか。すなわち、その目的、さらにいえば、それによって実現される効果にどのようなものを想定していたのかということである。まず、その目的について見てみよう。

最高裁は、「どうして裁判員制度を導入したのですか」との問いを示したうえで、次のように答えている[1]。

「これまでの裁判は，検察官や弁護士，裁判官という法律の専門家が中心となって行われてきました。丁寧で慎重な検討がされ，またその結果詳しい判決が書かれることによって高い評価を受けてきたと思っています。しかし，その反面，専門的な正確さを重視する余り審理や判決が国民にとって理解しにくいものであったり，一部の事件とはいえ，審理に長期間を要する事件があったりして，そのため，刑事裁判は近寄りがたいという印象を与えてきた面もあったと考えられます。また，現在，多くの国では刑事裁判に直接国民が関わる制度が設けられており，国民の司法への理解を深める上で大きな役割を果たしています。そこで，この度の司法制度改革の中で，国民の司

---

(1)　裁判員制度に関する立法過程の詳細な分析については、柳瀬昇『裁判員制度の立法学：討議民主主義理論に基づく国民の司法参加の意義の再構成』（日本評論社、2009年）参照。

法参加の制度の導入が検討され，裁判官と国民から選ばれた裁判員が，それぞれの知識経験を生かしつつ一緒に判断すること（これを「裁判員と裁判官の協働」と呼んでいます。）により，より国民の理解しやすい裁判を実現することができるとの考えのもとに裁判員制度が提案されたのです。」（http://www.saibanin.courts.go.jp/qa/c 1 _ 1 .html）

　すなわち、従来の裁判は「法律の専門家が中心となって」行われていたために、国民には理解しにくく、近寄りがたいものであったから[2]、国民が「それぞれの知識経験を生かしつつ一緒に判断する」ことで（そのためには国民にも分かりやすい裁判にしなければならない）、裁判に対する国民の理解を深めたい、というのである。
　これには続きがある。最高裁は、「裁判員制度が導入されることで、どのようなことが期待されているのですか」との問い対して、次のように答えている。

　「一言でいうと，裁判の進め方やその内容に国民の視点，感覚が反映されていくことになる結果，裁判全体に対する国民の理解が深まり，司法が，より身近なものとして信頼も一層高まることが期待されています。」（http://www.saibanin.courts.go.jp/qa/c 1 _ 2 .html）

　すなわち、裁判に対する国民の理解を深めることで、司法に対する国民の信頼をより強いものにしたい、ということである[3]。司法も国家の権力作用であるから、国民の理解と信頼を得ることで、その正統性をより確かなものにしようというわけである。これが裁判員制度導入の目的である[4]。

（2）　したがって、最高裁は裁判の「質」自体には問題がないとの認識であることに留意されたい。
（3）　このことは、裁判員法 1 条の規定（「司法に対する国民の理解の増進とその信頼の向上に資する」）からも確認できる。
（4）　詳しくは、司法制度改革審議会「司法制度改革審議会意見書――21世紀の日本を支える司法制度――」（2001年 6 月）参照。

2 裁判員制度の効果

次に、その効果（先の目的を達成することで付随的に実現される効果）について見てみよう。

法務省は、「裁判員制度導入の理由」として次のように説明する。

「国民の皆さんが裁判に参加することによって，国民の皆さんの視点，感覚が，裁判の内容に反映されることになります。その結果，裁判が身近になり，国民の皆さんの司法に対する理解と信頼が深まることが期待されています。そして，国民の皆さんが，自分を取り巻く社会について考えることにつながり，より良い社会への第一歩となることが期待されています。国民が裁判に参加する制度は，アメリカ，イギリス，フランス，ドイツ，イタリアなど世界の国々で広く行われています。」(http://www.moj.go.jp/keiji 1 /saibanin_seido_gaiyou01.html)

裁判が身近なものとなったり、司法に対する国民の理解と信頼が深まることについては、目的について述べたところと同じであるが、ここではその先について触れられている。すなわち、国民が裁判に参加することで、国民自らが自分を取り巻く環境について考えるようになる（そして、そのことがより良い社会への第一歩となる）、というのである。これはどういうことだろうか。

これについては、「司法制度改革審議会意見書」の次のような記述が参考になる。

「これら諸々の改革の根底に共通して流れているのは、国民の一人ひとりが、統治客体意識から脱却し、自律的でかつ社会的責任を負った統治主体として、互いに協力しながら自由で公正な社会の構築に参画し、この国に豊かな創造性とエネルギーを取り戻そうとする志であろう。」(I 今般の司法制度改革の基本理念と方向)

「21世紀の我が国社会において、国民は、これまでの統治客体意識に伴う国家への過度の依存体質から脱却し、自らのうちに公共意識を醸成し、公共

的事柄に対する能動的姿勢を強めていくことが求められている。国民主権に基づく統治構造の一翼を担う司法の分野においても、国民が、自律性と責任感を持ちつつ、広くその運用全般について、多様な形で参加することが期待される。」(Ⅳ　国民的基盤の確立)

　裁判員制度のもとでは、裁判員として選ばれた国民は、望むと望まざるとにかかわらず、公共的な事柄(犯罪事件)に関与し、裁判官や同じく裁判員に選ばれた国民との討議を経て、その権力を行使しなければならない[5]。こうした経験は、裁判員を務めた国民に「自律的でかつ社会的責任を負った統治主体」としての自覚を促し、彼／彼女らのうちに「公共意識を醸成」していくことに繋がるだろう(そして、そうしたことが積み重なって、より「自由で公正な社会が構築」されていくのである)。すなわち、国民が裁判に参加すること(専門家のそれとは異なる市民感覚が裁判に反映されること)で、国民の納得のいく、さらにいえば、国民にとってより望ましい裁判が実現できるだけでなく、そうした経験をとおして、国民自らが国家(社会)を統治していこうとする契機が生まれるということである[6]。言い換えれば、裁判員制度は、自己統治の手段であるとともに、自己統治の主体を育てる場として捉えることができるということである[7]。

---

(5)　ガスティルらは、陪審制について、「平均的な一個人が私的領域から足を一歩外に踏み出し、短期間ではあるものの、強力な権限をもった公務に就くことを強いることのできる、唯一の制度」であるとするが(Gastil, John at al.(ダニエル・H・フット監訳)『市民の司法参加と民主主義：アメリカ陪審制の実証研究』(日本評論社、2016年)17頁)、いうまでもなく、このことは裁判員制度にも当てはまるだろう。

(6)　こうした発想(市民による公共的熟議の効用への注目)からは、近年注目される討議民主主義(deliberative democracy)と共通するものを汲み取ることができるだろう。討議民主主義については、例えば、Ackerman, Bruce & James S. Fishkin(川岸令和他訳)『熟議の日：普通の市民が主権者になるために』(早稲田大学出版部、2014年)、Fishkin, James S.(曽根泰教監修・岩木貴子訳)『人々の声が響き合うとき：熟議空間と民主主義』(早川書房、2011年)、柳瀬昇『熟慮と討議の民主主義理論：直接民主制は代議制を乗り越えられるか』(ミネルヴァ書房、2015年)、参照。

(7)　念のために補足すれば、先述の裁判員法の規定にもあるように、さらにいえば、「司法制度改革審議会意見書」にもあるように、裁判員裁判は、第一義的には、司法の国民的基盤の向上を目的とするものであって、民主主義的な見地から(民主主義のよりいっそうの発展を目指して)導入されたものではない。あくまでも、このような付随効

3 米国の陪審制度

　ところで、米国の陪審制度についても、上に述べた「裁判員制度の効果」と同様の言及がある。周知のとおり、それはフランスの思想家であるトクヴィルによるものであるが、前項を補足するものとして、さらには、以下の議論（とりわけⅢ）の伏線として、ここでその議論について簡単に触れておきたい。

　トクヴィルが陪審制度について詳述するのは、『アメリカの民主政治』（Tocqueville, Alexis（井伊玄太郎訳）『アメリカの民主政治（中）』（講談社、1987年））の第2巻・8章・3節であるが、その節題（アメリカ連邦で政治制度として考えられている陪審について）が示すとおり、また、本節の書き出し（「陪審は人民主権の一様式である」209頁）が示すとおり、彼は米国の陪審制度を政治制度として捉えていた。例えばそれは、次のようにである。

　「陪審は人々に公平無私を実行するように教える。ひとりびとりの人は自らの隣人を裁判することによって、自分もいつか裁判されることになるかもしれないと思う。このことはことに民事に関しての陪審で本当に起こることである。ほとんどすべての人々は、自分たちもいつか刑事上の告発の対象になることを恐れているのである。けれどもすべての人々は、裁判上の訴訟で争うことができるのである。陪審は誰にも自分の行為責任を回避できないことを教える。これは人間としての男らしい性情であって、これがなかったら政治的な美徳はなくなってしまう。陪審は各市民に一種の司法官の資格を与える。陪審はすべての人々に彼らが社会に対して果たすべき義務をもっていることを、そして社会の政治にはいりこんでいることを、感じさせる。陪審は人々に私事以外のことに専念させるように強いることによって、社会のかびのようなものである個人の自己本位主義と闘う。陪審は驚くほどに人民の審判力を育成し、その自然的叡智をふやすように役立つのである。これこそは陪審の最大の長所だと、わたくしには思われるのである。陪審は無料の、

果が期待されるということである。とはいえ、それが重要でないと主張するつもりはない（むしろ逆であることを付け加えておきたい）。

そして常に公開されている学校のようなものである。そこでは、ひとりびとりの陪審員がその権利について教えられるようになるし、上層階級の最も教養の高い、そして最も啓蒙されている弁護士たちの努力や裁判官の意見や訴訟当事者たちの情熱などによって法律も理解されやすくされる。アメリカ人の実際的知性と政治的良心とは、アメリカ人が民事について陪審員を長い間使用していることに主として基づいていると思われる。わたくしは陪審が訴訟関係者たちに有用であるかどうかを知ってはいないが、それが訴訟を裁く人々にとってはきわめて有用であることは明らかである。陪審は社会が人民の教育上使用しうる最も有効な手段の一つであると思われる。……人民を支配させるようにしている最も強力な手段としての陪審は、人民に支配することを学ばせる最も有効な手段でもある。」(215-219頁)

　トクヴィルによれば、「陪審は無料の、そして常に公開されている学校のようなもの」である。そこでは、市民に対して様々なことが教えられるのだが（例えば、公平無私の実行、社会的責任、政治的責任、権利、法律等）、そうしたことをとおして、市民は自らによる社会の統治（人民自らが社会を指導すること）を学ぶのである（「陪審は、人民に支配することを学ばせる最も有効な手段でもある」）。
　「陪審が訴訟関係者たちに有用であるかどうかを知ってはいない」とあるように、ある意味で党派的であり、多様な人種、価値観が混在する米国では、ともすればそれによる審判の結果は恣意的な（偏った）ものとなるかもしれない。けれども、陪審という経験をとおしてその公共心を涵養させ、人民自らが社会を指導することを学ぶという観点からは、「それが訴訟を裁く人々にとってはきわめて有用であることは明らか」だとするのである。
　そして、当然のことながら、それは学ぶだけでなく陪審制度（「人民を支配させるようにしている最も強力な手段としての陪審」）をとおして実践される。かくして、「陪審は何よりもまず第一に、政治的制度なのである。それは人民主権の一様式と考えられるべきである。人民主権が拒絶されるならば、同時に陪審も全く排斥されねばならない。もしそうでなければ、陪審を人民主権を確立している他の諸法律と関係させねばならない。陪審は、上下両院が法

律を作る責任ある部分の国民であると同様に、法律の執行を保証する責任ある部分の国民を形成している」(213頁)[8]。

Ⅲ　司法制度改革の背景にあるもの

次に、前節で述べた裁判員裁判の導入が意味するところを、司法制度改革というより大きな文脈に位置づけてみよう。

1　司法制度改革の目的

法務省はこの度の司法制度改革について次のように説明する。

「司法は，国民の権利の実現を図るとともに，基本的人権を擁護し，更には安全な社会を維持するなど，国民生活にとって極めて重要な役割を果たしています。21世紀の我が国では，社会の複雑・多様化，国際化などに加え，規制緩和などの改革により，『事前規制型』から『事後監視・救済型』に移行するなど，社会の様々な変化に伴って，司法の役割は，より一層重要なものになると考えられます。そこで，司法の機能を充実強化し，国民が身近に利用することができ，社会の法的ニーズに的確にこたえることができる司法制度を構築していくことが必要とされているのです。このような見地から，平成11年7月に内閣に『司法制度改革審議会』が設置され，2年間の審議の結果，平成13年6月に司法制度改革審議会意見書を取りまとめました。この意見書には，司法制度の機能を充実強化し，自由かつ公正な社会の形成に資するため，(1)国民の期待にこたえる司法制度の構築，(2)司法制度を支える法曹の在り方，(3)国民的基盤の確立を3つの柱として掲げた上で，司法制度の改革と基盤の整備に向けた広範な提言が盛り込まれています。」(http://www.moj.go.jp/housei/servicer/kanbou_housei_chousa18.html)

---

(8)　トクヴィルと同様の視点から陪審制度を政治制度として捉え、さらには、陪審制度は民主主義の学校であるとするトクヴィルの主張を検証する（すなわち、陪審制が民主主義社会の質の維持・向上に貴重な寄与をなし得ることを実証する）研究として、Gastil, John et al.・前掲注(5)参照。

政府はこの意見書を受けて、多数の関連法案の成立を目指すこととなったのであるが、その成果の一つが裁判員制度の導入である[9]。さしあたりここでは、司法制度改革が目指したものが、「国民が身近に利用することができ、社会の法的ニーズに的確にこたえることができる司法制度を構築」することにあったことを確認しておきたい。

加えて、司法制度改革を推進するために設置された司法制度改革推進本部による次のような説明にも触れておこう。

「司法制度改革は、明確なルールと自己責任原則に貫かれた事後チェック・救済型社会への転換に不可欠な、重要かつ緊急の課題であり、利用者である国民の視点から、司法の基本的制度を抜本的に見直すという大改革です。」（http://www.kantei.go.jp/jp/singi/sihou/）

これは、先の法務省の説明を端的に言い換えたものということができるが、ここで注目されるのは、「利用者である国民の視点から」司法制度を見直すという視点である。以下では、この「利用者である国民の視点」が意味することに焦点を当てながら、この度の司法制度改革について詳しく見ていくことにしたい。

2　司法と政治の峻別

過去にも幾度となく司法制度改革が行われ、また、それへの動きも見られた。その中でこの度の改革が最大のものであることは間違いないが、しかし、それ以外にも注目すべき点がある。それは、改革をめぐる政治力学である[10]。

これまで、司法制度改革の最大の争点は法曹一元であった。すなわち、現在のキャリア裁判官システムに代えて、弁護士経験を経た者の中から裁判官を選ぶシステムに変えようというのである。1962年に設けられた臨時司法制

（9）　ちなみに、2004年末までに関連する24本の法律案が国会で可決された。
（10）　本節における以下の叙述は、もっぱら、棚瀬孝雄『司法制度の深層：専門性と主権性の葛藤』（商事法務、2010年）1章、2章に依拠している。

度調査会の時もそうであったし、この度の司法制度改革においても、弁護士会は会をあげてその実現に向けた取組を行っていた。

　では、なぜそれを目指すのか。その出発点は、「国民の側を向いていない司法」との認識である。例えば、裁判所は、まだ激しく論争されている政治的争点についてはなるべく距離をおこうとする。それは、政治を避けて中立性を維持することが司法の正統性を保持する賢明な方法であると裁判所が考えているからである。けれども、そうした態度は、政治の場での自民党支配や、社会生活における既成事実化を覆そうとする者の「政治化」の試みに対して、裁判所が冷淡になることを意味している。それゆえ、そうした態度は、あたかも政府と裁判所が結託している——司法は国民ではなく政府の方を向いている、すなわち、国民は司法から疎外されている——かのような印象を国民に与えることになる。その結果、そうした事態を打破する（司法に国民の意思を反映させる）方策として、法曹一元の導入が叫ばれたのである。

　さらにいえば、そこで目指されたのは、裁判所を支配する官僚制の打破であった。周知のとおり、裁判官は独立してその職務を行うことができる（憲法76条3項）。したがって、個々の裁判官にそうした司法を変えていくことを期待することができたかもしれない。けれども、最高裁が人事権を握り、全国の裁判官に強い統制を行うかぎり、誰が裁判官になったとしても司法を変えていく力とはならない。最高裁をとおして上から下へと貫徹される権力に対抗する下からの国民の意思、あるいは、期待が働く余地が、集権的な司法官僚制においてはきわめて観念しくいものと外にいる者には感じられたのである。この官僚制の打破こそ法曹一元が目指すものであって、裁判官に昇進や転勤がなく、給与も同一にすれば、上からの統制も働かなくなる。そのうえで、国民を基盤とした法曹一元の裁判官が司法の民主化のために働くことが期待されるというのである。

　こうした主張それ自体には異存はない（その実現可能性や、現行の実務との適合性はとりあえず脇に置いておく）。しかしながら、ここで気になるのは、そのための「改革の協議は法曹三者でやりましょう」とのスタンスである。言い換えれば、司法の問題はわれわれ「専門家」である法曹三者の協議で行うべきとの認識である。これは、法曹一元の主唱者である弁護士会のこれまでの

一貫した主張でもある。最高裁の説明（Ⅱの1）にもあるように、従来の裁判は「法律の専門家が中心となって行われてきた」のであるが、そうした実務だけでなく、その改革においても国民は疎外されていたのである。このことは、司法（当然のことながら、司法は国家の権力作用である）においては、主権者としての国民という認識や、法を使う主体としての国民という認識が弱かったことを示しているように思われる。

　これに対して、この度の司法制度改革がそれ以前のものと大きく異なるのは、自民党および財界から問題提起がなされたこと、そして、その後の議論においてもこの両者が牽引役となり、そこにメディア、国民が参加して改革が行われたということである。こうしたことは、一般の政策課題であれば不思議なことではないだろう。むしろ当然のこととして受けとめられると思われるが、司法制度においては、従来その議論は弁護士会と最高裁・法務省（検察）との応酬、あるいは、法曹三者の協議の場でのみ行われてきたのである（補足すれば、このことは刑事立法においても同様である）[11]。

　その理由としては、司法の問題が国民的な関心事とならなかったという面もあるだろう。けれども、それ以上に大きいのは、司法のあり方は法律家だけが判断できる専門的な問題であり、むしろ、政治家や国民が関与して政治力学に引きずられたり、大衆に迎合した政策を打ち出したりすれば、それこそ司法の自殺行為になるという意識が法律家の間で強かったため[12]、議論を身内に限っていたということがあるように思われる[13]。

3　専門性と主権性の対立

　このように、法律家が司法の問題を排他的に議論できる自らの特権的立場を強調し、国民が参加して議論することに疑いを向けることは、司法哲学で

---

(11)　1975年に法曹三者の意見交換の場として三者協議会が設けられて以降、司法制度に関する主だった改革はほぼすべてこの協議会を経て決定されることになっていた。

(12)　その例として、昨今の厳罰化や、それを説明する枠組みとしての「Penal Populism」を指摘することができるだろう。「Penal Populism」については、例えば、Pratt, John, *Penal Populism,* Routledge（2007）参照。

(13)　前述のとおり、これについては、国民とともに闘うことをその自己同一性の根幹におく弁護士についても同様である。

は司法と政治の峻別として現れ、憲法理論を含めた法の根本命題の位置を占めている。

例えばそれは、なぜ国民の代表者でもない（民主的に選出されてもいない）裁判官が、国民の代表者によって構成される議会で成立した（民主的な手続で制定された）法を違憲無効とできるのか、との問いに対するビッケルの次のような回答（司法の定義）に現れている。

「司法は、政治のご都合主義的な攻撃から政体の価値を守る守護者である。」[14]

このような考え方の前提には、法の「普遍性」とその法を操作できる法律家の「専門性」という認識がある。本項では、この普遍性と専門性が孕む問題点について見ていくことにしたい。

まず、前者であるが、そこには中立的な枠組みとしての法というイメージがある。例えばそれは、なんらかの紛争が生じた場合、法に従って解決すれば、対立する当事者間の属性（置かれた立場や力の差等）や、それを判断する者の価値観によってその得られる結果が異なるということにはならず、公平な結果にたどりつくというようなものである。そして、このような期待を可能とするのが、理性的に検討すれば、法の意味するところは一義的に決まるとの前提である。

こうしたイメージは法の支配の理念に繋がり、ひいては、司法の正統性を根拠づけることにもなるのであるが、と同時にそれは、法が（実は）対立する解釈に開かれていることを隠そうとする。少し考えれば分かることであるが、同じ法を実現するにしても、置かれた立場や価値観によって様々な見解が対立するし、人によって法の解釈も変わりうる（さらにいえば、量刑や事実認定においても、その人の生活体験や世界観によってその判断は変わりうる）。にもかかわらず、法の普遍性というイデオロギーによって、今ある法がすべてで

---

(14)　Bickel, Alexander, *The Least Dangerous Branch: The Supreme Court at the Bar of Politic*, Bobbos-Merrill（1962）（但し、棚瀬・前掲注(10)による）.

Ⅲ　司法制度改革の背景にあるもの　111

はなく、今とは異なる法もありうるとの視点が隠蔽されてしまうのである。現実には、専門家の間でも意見は分かれうるし、さらにいえば、専門家の判断が常に正しいわけでもない。したがって、専門性の一事でもって政治的責任から超越することはできないのである。

　次に、後者であるが、法曹は医師と並んで、代表的な専門職（プロフェッション）であるとされる。こうした専門職については、高度の専門性ゆえに、また、その業務の依頼者や社会にとっての重要性ゆえに、その業務に携わる者には通常の私的な業務とは異なる高度の倫理性が要請されると考えられている[15]。こうした専門職倫理を精神論として聞くぶんには問題はなく、むしろ多くの人々は弁護士には実際にそうした自覚を持って欲しいと思うだろう。けれども、こうした専門職像を抱くことについては、弁護士の業務を「市場」的な規律から外すことで、かえって依頼者の弁護士に対する交渉力をそぐこととなったり、そこで前提とされる依頼者の法的な無能力が、自らの事件解決における主導性を低下させるばかりでなく、マクロな司法政策や司法政治への国民の参加を阻害する、という問題点を指摘することもできる。

　すなわち、法曹の専門職性を語ることが、弁護士を利用して行う法の援用を、依頼者の私的利益の実現を超えた公共的な意義を持つものとして強く正当化する作用を営む（それは司法の正当化にも繋がる）一方で、と同時に、依頼者の生活世界からする主体的な判断を抑圧することにもなるのである。例えばそれは、明示的であるか暗示的であるかはともかくとして、弁護士が依頼者の主張を「勝手なこと／わがままなこと」と片付けたり、あるいは、法的に無能力であることの自覚ゆえに、弁護士のそのような反応を予想して依頼者が自己の主張を自制してしまったりというようにである。また、善意で熱心な弁護士ほど、あるいは、有能な弁護士ほど、法律家としての判断とその問題処理に自信を持ち、それが依頼者のためになると信じているが、依頼者にはその生活世界に根ざした、あるいは、多面的、長期的な相手方との関

---

(15)　このことは、ほとんどのロースクールで法曹倫理なる科目が必修科目として開講されていることからもうかがうことができるだろう。

わりを意識した別の関心があって、その間にずれが生じることも少なくない。

また、批判理論がいうように[16]、法そのものが不法である可能性もある。それも、ただ例外的に不法であるだけでなく、依頼者が不法や不正を訴え、法の場でその是正を求めるのに対して、苦笑しながらも「法律では仕方がないんですよ」と答えた経験を多くの弁護士が持つように、法は常にあるべき法との落差を抱えながら「法である」のである[17]。

司法は国民の目からみれば一つのサービスであり、それゆえに、その「使いにくさ」を批判することも当然にあるべきで、さらにいえば、より公共財に近い法秩序の維持や正義の実現も、究極的には国民がその利益を享受すべきものである。また、裁判が法に従って適切に行われているかを監視したり、あるいは、可能な法の解釈のなかで裁判所が選ぶ解釈を一種の立法と見立てて、その解釈を主権者である国民の意見に基礎づけることも国民の権能のなかにあるということができる。したがって、このような司法に対する国民の主体性が、これまでの分かりにくく、使いにくく、さらにいえば、それを批判してもその声が届かない司法へのいらだちとともに、こうしたことへの改革要求というかたちで出てきたのがこの度の司法制度改革であったと見ることができるだろう[18]。そういうわけで、ここにあるのは、法律家が依拠する専門性と国民が改革要求というかたちで表現する主権性との葛藤なのである。

そして、こうした動きを促しているのは、司法への不満（国民からの要求やそのニーズに対する司法の感受性の低さに対する不満）だけでなく、より根本的には、経済を含めた大きな社会の変化に伴って、政治の背後に「主権者としての国民」が、そして、市場の背後に「消費者としての国民」が普遍性と専

---

(16)　ここにいう批判理論は、もっぱら法における近代の規範性に懐疑の目を向けるポストモダンの法理論のことを指している。

(17)　法の支配には、法の素人が非法的な観点からその法の忠実な執行に干渉してくることを嫌うという側面があるのであり、またさらにいえば、法の専門性の強調は、法律家と非法律家（国民）とを差異化することにもなる。

(18)　それゆえに、法曹三者によるものではなく、財界、メディア、国民が加わった政治主導の改革となったわけである。

門性による司法の超越性（政治からの分離）に対抗する主体として現れてきているという事態であるのかもしれない。もしそうならば、この度の司法制度改革には、国民が政治をとおして、また、市場をとおして、弁護士の業務を規律したり、司法を自ら運営したりするという政治原理、市場原理の司法への持ち込みが同時に含まれていると見ることができるだろう。いずれにせよそれは、司法における国民の主権性（主体性）の回復であり、司法を通じた国民による自己統治への動きと理解することができるのであり、このような文脈に裁判員制度を位置づけることで、審理への国民の参加の意義がより明確になるものと思われる。

Ⅳ　刑事政策の担い手としての市民

　刑事裁判に話を移そう。刑事裁判では何が行われているのか。簡単にいえば、そこでは犯罪とされる行為が行われたか否かが判断され、行われたことが確認された場合は、その行為者に科すべき刑が決定される。それはどのように行われるのか。ここでは、便宜上、後者に限って見ていくことにしたい。

　例えば、「被告人が他人の財物を窃取した」との事実が確認されたとしよう。その場合、彼／彼女にどのような刑を科せばいいのだろうか。刑法には次のような規定がある。

　「他人の財物を窃取した者は、窃盗の罪とし、十年以下の懲役又は五十万円以下の罰金に処する。」（刑法235条）

　これに先の事実をあてはめれば、「被告人に10年以下の懲役、あるいは、50万円以下の罰金を科すべきだ」ということになる。けれども、これではまだ十分ではない。刑を一点に決める必要があるからである。例えば、この事件では、最終的に「被告人に３年の懲役を科すべきだ」との結論に達したとしよう。では、どうやってそこに至ったのだろうか。

　一般に、量刑（どのような刑をどれくらい科すかについての決定）は情状に基づいて行われる[19]。したがって、刑事裁判では情状が調べられることにな

る。けれども、情状が分かったとしても、それだけでは量刑は決まらない。先の結論を導くためには、その前提として、「情状がXの者には3年の懲役を科すべきだ」との規範が必要となるからである。では、それはどこにあるのだろうか。刑法にはそのような規定はない。そこで、裁判官であれば、先例や実務家・研究者の間で広く共有された規範群の中にそれを見つけようとする。そして、「被告人の情状はXだ」ということになれば、それを先の規範にあてはめて、ようやく「被告人に3年の懲役を科すべきだ」ということになるのである。

　このように、量刑に際しては必ず何らかの規範が必要となる。言い換えれば、量刑は事実（情状）だけからは出てこないということである。だとすれば、そこで参照される規範はどのようにして決まるのだろうか。先の刑法の規定からすれば、「情状がXの者には5年の懲役を科すべきだ」、あるいは、「情状がXの者には実刑ではなく、執行猶予を付すべきだ」等の他の規範が参照されてもいいはずである。なのに、なぜ「情状がXの者には3年の懲役を科すべきだ」との規範が参照されたのだろうか。おそらくそれは、「この場合にはこの規範を用いるべきだ」との規範がその上位にあり、それが妥当だと裁判官が考えたからであろう。では、なぜそれが妥当なのか。すなわち、何によってその規範が正しいとされたのだろうか。

　規範には必ず何らかの価値判断が伴う。規範はふつう「～すべき」というかたちで語られるが、その際には、まず価値判断があって、それを前提に「～すべき」となるのである。先の規範についていえば、例えば、一般予防（他の者に犯罪をさせないこと）／特別予防（その者に再び犯罪をさせないこと）を重視するのか、あるいは、応報を重視するのかの判断が先にあって、その結果、「情状がXの者には3年の懲役を科すべきだ」となるのである。

　では、この前提となる価値判断はどのようにして決まるのだろうか。もちろん、関連する事実はその判断において参考となるだろう。例えば、3年の懲役にはYぐらいの一般／特別予防効果があるとか、あるいは、3年の懲役はZ程度の応報感情を充足するとか、施設内処遇よりも社会内処遇のほうが

---

(19)　これについては、例えば、『司法研究・量刑評議の在り方』参照。

特別予防効果が高いとか、逆に、施設内処遇のほうが社会内処遇よりも一般予防効果が高い／応報感情を充足する等の知見があれば、より適切な判断ができるかもしれない。けれども、そうした事実をどれだけ積み上げてみても、そのことだけで自ずとその立場が決まってくるというわけではない。事実と政策とは連続的な関係にないからである。例えば、行為に見合った刑罰としては5年の懲役が必要だけれども、予防効果の面では3年で十分だという場合、その結論は、応報を優先させるのか、予防効果を優先させるのかの判断によって異なってくるだろう[20]。では、どちらを優先させるべきか。価値判断は人によって異なるから、どちらを優先すべきか（いずれの判断が正しいか）は客観的にはいえない（言い換えれば、これについては必ずしも正解があるわけではないということである）。上位の規範を参照すれば当面の答えは出てくるかもしれないが、では、なぜその規範なのかということになれば、同じことの繰り返しである。それゆえ、この種の問題は、究極的には政治的に決まるとしかいいようがない[21]。どこかの段階で、必ず「決断」が必要となる事柄なのである[22]。

　これまで、その判断は専門家である裁判官が専権的に行ってきた。しかしながら、前述のとおり、価値判断である以上、専門家の判断が常に正しいわけではない[23]。さらにいえば、刑事裁判も一つの政策である以上（刑事裁判が

---

(20)　関連して、人々がどのように刑罰を用いたいと考えているか、また、人々が刑法の役割をどのようなものと考えているかが、好みの政策（どのような刑事政策を支持するか）に影響することを示す研究として、松原英世＝岡本英生「刑法・刑罰の捉え方と刑事政策の関係について：予備調査の結果から」愛媛法学会雑誌41巻3＝4号（2015年）45-53頁、参照。

(21)　例えば、ある調査によって「自由が多ければ犯罪も多くなる」という事実が分かったとしよう。この事実から、当然に「犯罪を減らすために自由を減らすべきだ」との結論に至るかといえば、必ずしもそうではない。同じ事実を前提として、「犯罪が多くても自由を減らすべきではない」ともいえるからである。この場合、いずれの結論を採るべきかは、その前提となる価値判断（自由と安全のいずれを優先するべきか）にかかっている。これについては必ずしも正解があるわけではなく（事実によっては決まらない）、その結着は究極的には政治に任せるしかないということである。

(22)　量刑について述べたことは、犯罪が成立するか否かの要件についても基本的には変わらない。さらにいえば、事実認定においても、その前提となる価値判断が変わればその判断は変わりうるだろう。

刑事政策の主要な構成要素であることに異論はないだろう）、そこに主権者である国民の意思（価値観）が反映されることに問題はない。それゆえ、先の判断は当然に国民の議論に開かれているのである。

従来、刑事裁判については、国民は外から批判するしかなかった（すなわち、自らの価値判断をその内部において直接表明することはできなかった）。あるいは、立法をとおして影響を及ぼすのみであった（その場合であっても、先に見たとおり、法律によって全てが規定されるわけではない）。したがって、裁判員制度の導入については、そうした状況を一新し、国民をより直接的な刑事政策の担い手として位置づけようとする試みと見ることができるのである。

V　市民の規範意識と討議

結局は価値判断だといっても、その判断は感覚や感情ではなく、また、誤った情報や思い込みではなく、できるかぎり正確な事実に基づいて行われるべきであろう。そこで、事実を知ることが重要となる。例えば、犯罪は増えているのか減っているのか、人は刑務所に収容されるとどうなるのか、どのような手段が再犯予防に効果があるのか等々、犯罪状況やその対策の効果についての正確な事実である。

他方で、判断の主体であるわれわれの癖や特徴を知っておくことも重要である。行動経済学等が指摘するように、われわれの判断には種々の認知バイアスが伴うからである（われわれは決して合理的に判断しているわけではない）[24]。

犯罪状況やその対策に関する事実については、刑事法研究者等によって今後ますます多くの有益な知見が提供されることが期待される、というにとどめて、ここでは後者に関する自身の研究をいくつか紹介しておきたい。

まず、松原英世「厳罰化を求めるものは何か：厳罰化を規定する社会意識について」法社会学71号（2009年）142-158頁（同『刑事制度の周縁：刑事制度

---

(23)　先のケースについていえば、「情状がＸの者には５年の懲役を科すべきだ」、あるいは、「情状がＸの者には実刑ではなく、執行猶予を付すべきだ」との規範が（もちろんそれ以外のものも）採用されることも十分にありうるのである。

(24)　行動経済学については、例えば、竹村和久『行動意思決定論：経済行動の心理学』（日本評論社、2009年）参照。

のあり方を探る』（成文堂、2014年）再録）を取りあげよう。本研究は、厳罰化支持を規定する要因（人々はどのような仕方で厳罰化を支持しているのか）について分析したものであるが、そこで明らかにされたことは、厳罰化への支持は犯罪を減らしたいという意識ではなく、モラル低下懸念（社会の凝集性に係わる社会状況の認識を表す尺度）と社会観（本研究では権威主義的傾向）によって規定されるというものであった[25]。さらにいえば、社会観はモラル低下懸念にも影響を与えており、このことは、社会観が社会状況に関する人々の見方を枠づけることによって、その認識（社会をどう見ているか）に影響を及ぼしていること、また、そうすることで厳罰化支持に間接的にも影響を及ぼしていることを示している。

　ここにいう社会観は、個々人にもともと備わっている社会についての見方であり、認知の対象となっている刺激や事態に対する反応に影響することが知られている。本研究についていえば、権威主義的傾向が強い人は、現実はどうあれ——例えば、犯罪発生率が低くても、また、自分が犯罪被害にあう確率が低いと考えていても——悪いことをした人は厳しく処罰されるべきだと考える傾向にあるということである。また、こうした傾向を強く持つ人は、犯罪の社会構造的な原因に思いをめぐらしたりしないことが推測される。

　次に、松原英世＝岡本英生「犯罪に対する凶悪性判断と処罰感情に影響を及ぼす要因について」愛媛法学会雑誌38巻3＝4号（2012年）1-17頁について見てみよう。本研究は、犯罪の凶悪性判断と処罰感情を規定する要因について分析したものであるが、そこで明らかにされたことは、判断対象である犯罪内容（本研究では動機の分かりにくさ、同種前科）がその判断や感情に影響を及ぼすことに加えて、判断者の属性（本研究では判断者の有する社会観（正当世界信念、権威主義的傾向））も凶悪性判断や処罰感情に影響を及ぼすというものであった。このことからは、同じ事件であっても、ある種の属性を持つ者はそうでない者よりもその犯罪を凶悪に感じたり、それゆえに、より強く処

───────────

(25)　本知見を別のデータを用いて検証する研究として、松原英世「人々はなぜ厳罰化を支持するのか」上石圭一他編『現代日本の法過程　下巻〔宮澤節生先生古稀記念〕』（信山社、2017年）159-180頁がある。こちらも併せて参照されたい。

罰を望むこと、また、先の研究と同様に、その内容とは関係なく、犯罪は常に凶悪なものであり、それゆえ、犯罪に対しては厳罰が必要だと考える者が一定数いることが推測される。

こうした知見は専門家である裁判官にもあてはまることであるが、一般的にいって、こうした知見を前にしてより懸念されるのは、専門的な経験を積んでおらず、法的素養もないふつうの市民が、裁判の場で自己の認識枠組みに基づいてその判断を下すことについてであろう。

そこで、次のような研究を紹介しておきたい。それは、デンマークの法社会学者・犯罪学者である Flemming Balvig による研究である[26]。本研究では、3種類の調査方法（電話インタビュー、郵送調査、フォーカスグループ調査）を用いて、犯罪や刑罰についての情報量が増えるほど、また、被告人との距離が近くなるほど、科したいと思う刑罰量が小さくなることが明らかにされている。

電話インタビューでは、「犯罪者はなるべく長く刑務所に入れておくべきだ」、「一般的にいって、わが国の量刑は軽すぎる」といった簡単な項目について回答を得る。そこで測ろうとするのは、自然発生的（あるいは、感覚的）な法感情である。これに対して、郵送調査、フォーカスグループ調査では、具体的な事件についてその量刑を検討してもらう。郵送調査ではＡ４一枚程度で説明された事件を読んでもらい、その量刑について（そのまま）判断してもらう。フォーカスグループ調査では、郵送調査と同じ事件に関する模擬裁判の状況を収録した映像を見てもらい、その後にグループでその事件について議論したうえでその量刑について判断してもらう。そこで測ろうとす

---

(26) これについては、例えば、Balvig, Flemming et al. "The Public Sense of Justice in Scandinavia: A Study of Attitudes towards Punishments," *European Journal of Criminology* 12 (2015) 342-361、参照。また、松澤伸＝松原英世「刑罰政策に関する国民の法意識について：『法意識』と『法理性』に関するフレミング・バルヴィの研究」刑ジャ46号（2015）85-96頁においてその一連の研究が紹介さているので、そちらも併せて参照されたい。なお、Balvig の研究については、デンマーク以外の北欧諸国に加えて（各国においてほぼ同様の結果が得られている）、現在、日本においても松澤と筆者でそれと同種の研究（科学研究費基盤研究（B）「刑罰に関する法意識の実証的研究：法感情と法理性という新たな分析枠組みに基づいて」）が進められていることを付記しておきたい。

るのは、「法理性」である。

　ここにいう「法理性」とは、被告人、被害者、証人が述べていることや、被告人に科されることになるかもしれない刑罰等について十分に情報を与えられたうえで、具体的な事件について時間をかけて吟味し、判断する方法のことである。犯罪や刑罰に関する一般的／抽象的な意見だけを集めても、実際の具体的な事件について一般の人々（国民）がどのように刑罰を用いたいと考えているのかについてはほとんど明らかにならない。それを明らかにするためには、具体的な事件の判断にかかわったときに用いることになる別の感情、目的、問題解決方法を考察しなければならない。これは、しばしば「具体的な理性」あるいは「実際的な理性」と呼ばれるものであるが、Balvigはこれを「法理性」と呼ぶのである。そして、Balvigの研究では、「法感情」と「法理性」は異なること、さらには、「法感情」では犯罪者に対して長期の刑罰を望んでいても、「法理性」になると必ずしもそのようにはならないことが明らかにされたのである。

　このことを先ほど紹介した自身の研究にあてはめれば、判断の主体であるわれわれの癖や特徴は、法感情レベルでは影響を及ぼすけれども、十分な情報を与えられたうえで具体的な事件について討議すれば、その影響を取り除くことができるということになるだろう。例えば、Balvigの研究によれば、「法感情」については、性別、年齢、政治的な意見等からかなりの程度その傾向が推測できるのに対して、「法理性」についてはそのようなことにはならないということである[27]。また、Balvigの研究によれば、具体的な事件について判断する場合には、人々は有用性についての考慮に規定されるという。それは、起こってしまったことを正すにはどうすればいいのか、どのように被害者を励ますのか、犯罪を防ぐにはどうすればいいのか、とりわけ、再び犯罪をさせないためにはどうすればいいのか、といった考慮である。すなわち、人々は、「法感情」ではモラル重視で考えるため、処遇を犯罪者を甘やかすものと見る傾向にあるが、「法理性」においては処遇の有用

―――――――――――

(27)　補足すれば、具体的な事件について傾向を読み取ることができるのは、非常に極端なものについてのみだということである。

性に着目し、それを実用的で重要なものと見る傾向にある。また、拘禁刑は、「法感情」では非難すべき行為に対する実際的なリアクションとして見られることが多いが、「法理性」においては、それは利益よりも損失を多く生じさせうることがあるから、注意深く使用しなければならない手段として捉えられるようになるのである。

　民主主義国家である以上、国家刑罰権の行使（刑事裁判の運用）は市民（主権者である国民）の規範意識に沿うものであることが望ましい。裁判員裁判導入の目的であった、司法に対する国民の信頼を得るためにもこのことは必須の事項であろう。Ⅱで見た最高裁の説明では、裁判を分かりやすいものにし、国民によく理解してもらいさえずれば、裁判に対する国民の信頼が得られるかのようであったが、いうまでもなく、現実の裁判が市民の規範意識（あるいは、その期待）と大きく乖離するようであれば、その信頼を得ることはできないだろう[28]。では、ここにいう市民の規範意識とはどういうものだろうか。

　裁判員制度導入時に懸念されていたことの一つは、裁判員が持ち込む市民感覚（それは本制度導入によって目指されたものの一つである）のゆえに（それは場当たり的、情緒的な結論へと至る可能性があるから）、公正な裁判が損なわれるのではないかというものであった。その最も分かりやすい例が、量刑である（例えば、従来の相場よりも（極端に）重くなるのではないか、あるいは、一貫性を欠くのではないかというように）。おそらくそれは、「法感情」による負の影響（法感情の法廷への持ち込み）であろう。

　しかしながら、上に見たように、「法理性」においてはその心配はない。十分な情報を与えられたうえで、具体的な事件について時間をかけて討議すれば、そうした負の影響は除去できるからである。したがって、国家刑罰権を行使する際に参照されるべき市民の規範意識は「法感情」ではなく、「法理性」だというべきであろう。

---

(28)　また、実際には市民の規範意識と齟齬があるような法律はその執行が難しく、これについては、例えば、国民の大半が刑罰に値しないと思っているような行為は、たとえそれを取り締まる法律（罰則規定）があったとしても、それが執行されることはほとんどないということが指摘できる。

裁判員制度の導入によって実現した「裁判員と裁判官の協働（裁判官と国民から選ばれた裁判員が、それぞれの知識経験を生かしつつ一緒に判断すること）」は、もっぱら評議の場で行われる。それは、裁判員裁判の中核部分であるとともに、市民の規範意識を「法感情」から「法理性」へと導く過程でもある。したがって、そこで行われているのは、国民自らによる司法権の行使だけではない。専門家である裁判官から犯罪状況やその対策の効果、さらには、法の理念や正義について学びながら、市民である自らの公共心を涵養するとともに、より良い社会を目指した自己統治への契機が付与されているのである。言い換えれば、裁判に参加することは、市民として主体的に権力行使に係わっていく（自己統治の手段）だけでなく、そうすることで、市民としての在り方（「自律的でかつ社会的責任を負った統治主体」であること）を学ぶことなのである（自己統治の主体を育てる場）。そして、本章をとおしていいたかったことは、市民にそのような公共的討議の場を提供するものとして裁判員制度を理解することが、裁判員制度導入による効果、ひいては、その背後にある司法制度改革の趣旨と最も整合的なのではないか、ということである。

（まつばら・ひでよ）

判 例 索 引

大判昭和 7 ・ 1 ・25刑集11巻 1 頁……………………………………………55

大判昭和 6 ・12・ 3 刑集10巻682頁 ……………………………………………66

大判昭和11・12・ 7 刑集15巻1561頁……………………………………………54

最 (三小) 判昭和32・ 1 ・22刑集11巻 1 号31頁………………………………55

最大判昭和32・ 3 ・13刑集11巻 3 号997頁 ……………………………………34

最大判昭和33・ 5 ・28刑集12巻 8 号1718頁……………………………………42

最 (一小) 判昭和44・12・ 4 刑集23巻12号1573頁……………………………58

最 (三小) 判昭和46・11・16刑集25巻 8 号996頁 ……………………………53

最 (三小) 判昭和50・11・28刑集29巻10号983頁 ……………………………57

最 (一小) 決昭和52・ 7 ・21刑集31巻 4 号747頁………………… 55-57, 62-64

最 (一小) 決昭和57・ 7 ・16刑集36巻 6 号695頁………………………………43

最 (三小) 決昭和58・ 9 ・13裁判集刑232号95頁……………………68, 70, 72

長崎地佐世保支判昭和60・11・ 6 判タ623号212頁……………………………45

最 (二小) 判平成元・11・13刑集43巻10号823頁………………………………59

最 (二小) 決平成 2 ・ 2 ・ 9 裁判集刑254号99頁、判時1341号157頁………35

最 (二小) 決平成 9 ・ 6 ・16刑集51巻 5 号435頁………………………………59

横浜地判平成10・ 4 ・16判タ985号300頁………………………………………39

福岡高判平成13・ 6 ・14判タ1134号313頁 ……………………………………38

函館地判平成13・11・ 6 LEX/DB28075329 …………………………………38

最 (一小) 決平成15・ 5 ・ 1 刑集57巻 5 号507頁………………………………37

東京地判平成16・ 1 ・13判タ1150号291頁……………………………………34

東京地判平成16・10・20刑集62巻 5 号1592頁…………………………………69

京都地判平成18・ 2 ・27刑集63巻11号2848頁…………………………………71

東京高判平成18・ 3 ・23刑集62巻 5 号1604頁…………………………………69

最 (二小) 判平成20・ 4 ・25刑集62巻 5 号1559頁……………………………69

最 (二小) 決平成20・ 5 ・20刑集62巻 6 号1786頁…………56, 62-64, 71, 72

大阪高判平成20・ 7 ・23前掲刑集2873頁………………………………………71

最 (一小) 決平成21・12・ 8 刑集63巻11号2829頁……………………………71

大阪地判平成24・ 3 ・21刑集68巻 6 号948頁 …………………………………93

東京高判平成25・ 5 ・28判タ1418号165頁……………………………………45

最 (一小) 判平成26・ 7 ・24刑集68巻 6 号925頁………………………………92

最 (二小) 決平成27・ 2 ・ 3 刑集69巻 1 号 1 頁………………………………95

最 (二小) 決平成27・ 2 ・ 3 刑集69巻 1 号99頁………………………………95

東京高判平成27・ 2 ・ 6 東高刑時報66巻 1 〜12号 4 頁………………………98

最 (二小) 決平成29・ 4 ・26刑集71巻 4 号275頁………………………………63

執筆者紹介

松 澤 　 伸（まつざわ・しん）
　　早稲田大学法学学術院（法学部）教授

高 橋 則 夫（たかはし・のりお）
　　早稲田大学法学学術院（法学部）教授

橋 爪 　 隆（はしづめ・たかし）
　　東京大学大学院法学政治学研究科教授

稗 田 雅 洋（ひえだ・まさひろ）
　　早稲田大学法学学術院（大学院法務研究科部）教授
　　元東京地方裁判所判事

松 原 英 世（まつばら・ひでよ）
　　愛媛大学法文学部教授

（執筆順）

裁判員裁判と刑法

2018年3月20日　初　版第1刷発行

著　　者	松澤　伸・高橋則夫 橋爪　隆・稗田雅洋 松原英世
発　行　者	阿　部　成　一

〒162-0041　東京都新宿区早稲田鶴巻町514番地
発　行　所　株式会社　**成 文 堂**
電話 03（3203）9201㈹　FAX 03（3203）9206
http://www.seibundoh.co.jp

製版・印刷・製本　藤原印刷　　　　　検印省略
☆落丁・乱丁本はおとりかえいたします☆
© S.Matsuzawa, N.Takahashi, T.Hashizume, M.Hieda, H.Matsubara
Printed in Japan

ISBN978-4-7923-5238-7　C3032

定価（本体2,000円＋税）